essentials

essentials liefern aktuelles Wissen in konzentrierter Form. Die Essenz dessen, worauf es als „State-of-the-Art" in der gegenwärtigen Fachdiskussion oder in der Praxis ankommt. *essentials* informieren schnell, unkompliziert und verständlich

- als Einführung in ein aktuelles Thema aus Ihrem Fachgebiet
- als Einstieg in ein für Sie noch unbekanntes Themenfeld
- als Einblick, um zum Thema mitreden zu können

Die Bücher in elektronischer und gedruckter Form bringen das Expertenwissen von Springer-Fachautoren kompakt zur Darstellung. Sie sind besonders für die Nutzung als eBook auf Tablet-PCs, eBook-Readern und Smartphones geeignet. *essentials:* Wissensbausteine aus den Wirtschafts, Sozial- und Geisteswissenschaften, aus Technik und Naturwissenschaften sowie aus Medizin, Psychologie und Gesundheitsberufen. Von renommierten Autoren aller Springer-Verlagsmarken.

Weitere Bände in der Reihe http://www.springer.com/series/13088

Viktor Sarris

Genialität, Depressivität, Resilienz

Byron, James, Hemingway –
ihr Leben und Werk aus
biopsychosozialer Sicht

 Springer

Viktor Sarris
Fachbereich Psychologie
Johann Wolfgang
Goethe-Universität Frankfurt
Frankfurt am Main, Deutschland

ISSN 2197-6708   ISSN 2197-6716   (electronic)
essentials
ISBN 978-3-658-24500-9   ISBN 978-3-658-24501-6   (eBook)
https://doi.org/10.1007/978-3-658-24501-6

Die Deutsche Nationalbibliothek verzeichnet diese Publikation in der Deutschen Nationalbibliografie; detaillierte bibliografische Daten sind im Internet über http://dnb.d-nb.de abrufbar.

Springer ist ein Imprint der eingetragenen Gesellschaft Springer Fachmedien Wiesbaden GmbH und ist ein Teil von Springer Nature
Die Anschrift der Gesellschaft ist: Abraham-Lincoln-Str. 46, 65189 Wiesbaden, Germany

Was Sie in diesem *essential* finden können

- Fragen und Probleme der Genialitäts-, Depressivitäts- und Resilienzforschung (Resilienz)
- Die psychische Problematik von George Byron, William James und Ernest Hemingway
- Das biopsychosoziale Modell der Resilienzforschung
- Die multidisziplinäre Betrachtung von genialen, aber depressiven Persönlichkeiten
- Das Problem der Stigmatisierung und Ausgrenzung von psychisch labilen Genialen bzw. Kreativen

Vorwort

Eine Abhandlung über *Genialität, Depressivität, Resilienz* hat es mit einer Fülle von faszinierenden Fragen zu tun. Dabei bewegt man sich allerdings leicht auf Glatteis, da alle drei Bereiche einer Überprüfung nur schwer zugänglich sind mangels Objektivierbarkeit ihrer Grundannahmen. Immerhin ist dieses komplexe Thema von großem Interesse, das schon wegen der bangen Frage: Was für ein Mensch steht hinter einer genialen, aber psychisch kranken Person? Während darauf bereits mein Buch über Robert Schumann, Vincent van Gogh und Virginia Woolf eingeht, liegt hier die Betonung auf der *Resilienz* von Genialen. So hat der Wissenschaftler William James seine Depressivität in den Griff bekommen – im Gegensatz zu den beiden Literaten George Byron und Ernest Hemingway, deren manisch-depressive Episoden während ihres Lebens vorherrschend waren (Kap. 1 bis 4). Zur Erforschung der Grundlagen dieses Themas werden auch neue biopsychologische Arbeiten über die Depressivität und Resilienz bei kreativen Menschen – in der gebotenen Kürze – angeführt (Kap. 5 & Epilog).

Diese Monografie geht auf meine mehrsemestrige Vorlesungstätigkeit an der Goethe-Universität in Frankfurt zurück. Obwohl in den Literaturwissenschaften nicht besonders ausgewiesen, habe ich die Werke von George Byron und Ernest Hemingway mit Gewinn sichten können. Ferner habe ich zur vorliegenden Thematik erstmals William James im Original ausführlich studiert, das ebenfalls gewinnbringend.

Für die Abfassung des Manuskripts erhielt ich wertvolle Hinweise von mehreren Seiten, besonders von Tanja Gabriele Baudson, Jürgen Bredenkamp, Hannelore Mietzel, Hans-Christian Ramm, Rüdiger Schnetzer und Peter Völker. Ferner danke ich Christian Rossmanit für die Hilfen bei der Textverarbeitung. Dem Verlag Springer bin ich für die gute Zusammenarbeit während aller Stadien der Buchherstellung verbunden, dabei besonders Lisa Bender und Jens Benicke sowie Indira Thangavelu.

Frankfurt am Main   Viktor Sarris
im Oktober 2018

Einleitung

Die bisherigen Arbeiten zum Thema *Genialität, Depressivität, Resilienz* haben viele ungelöste Probleme nach sich gezogen. Zunächst einmal ist von den falschen Vorstellungen bei der Behandlung dieses Themenkomplexes Abstand zu nehmen, so etwa von dem Mythos der göttlichen „Inspiration" eines genialen Menschen und der naiven Vorstellung einer „angeborenen" Genialität. Vor dem *Mad Genius*-Mythos sollte man sich ebenfalls besonders hüten, wonach alle genialen Menschen angeblich psychisch krank seien, zumindest ein wenig „irre" – auch dieses Vorurteil findet sich oft trotz der viel größeren Zahl von psychisch *gesunden* Genialen wie beispielsweise Aristoteles, Shakespeare, Bach, Einstein und vielen anderen. Das gilt so, selbst wenn es psychisch labile bzw. kranke Geniale immer schon gegeben hat. Diesen und anderen Mythen ist zwecks Vermeidung der Diskriminierungen und Stigmatisierungen von Genialen in unserer Gesellschaft entgegenzutreten (Baudson 2016).

Jeder Fall eines psychisch labilen genialen Menschen muss individuell untersucht werden, möglichst unter Heranziehung von klinischem Diagnose- bzw. Krankenaktenmaterial (Jamison 2017). Diese eigentlich selbstverständliche Forderung lässt sich aber nur sehr selten realisieren, wobei die Fallstudien gerade von George Byron, William James und Ernest Hemingway eine klinisch-diagnostische Auswertung – mangels vorhandener Krankenprotokolle – ohnehin nicht zulassen. Es liegen wenigstens die Familienstammbäume dieser drei Genialen vor, die von der amerikanischen Neuropsychiaterin Kay Redfield Jamison zusammengestellt wurden (s. beispielsweise Hemingways Familienstammbaum in Abb. 4.1; vgl. ferner Robert Schumanns Stammbaum in Sarris 2018, Abb. 2.1). Eric Kandel, Nobelpreisträger für Medizin, hat die Bedeutung einer solchen *Familienstammbaum*-Forschung seinerseits hervorgehoben – nämlich: „In ihrem Buch ,Touched with Fire' dokumentiert Jamison die Überschneidung von künstlerischem und manisch-depressivem Temperament.

Sie betont, dass unter Schriftstellern und Künstlern ein sehr viel höherer Anteil eine manisch-depressive oder depressive Erkrankung hat als in der gesamten Bevölkerung" (Kandel 2012, S. 577). Diese Jamison-Kandel-These wird in diesem Buch mithilfe eines biopsychosozialen Interaktionsmodells erweitert, wobei allerdings die Interaktionen zwischen den einzelnen Wirkfaktoren bisher nur unzureichend erforscht sind (Abschn. 1.2 & Kap. 5).

Für die vorliegende Auswahl der drei Genialen gibt es wichtige Gründe, weil nämlich alle Drei während ihrer Schaffenszeit Revolutionäres geleistet haben und dabei *gegen den Strom* ihrer Zeit geschwommen sind, obwohl sie nachweislich psychisch labil bzw. krank waren und einen Familienstammbaum aufweisen mit einem gehäuften Vorkommen von psychisch prekären Lebensläufen ihrer Verwandten.

Inhaltsverzeichnis

Genialität und Depressivität

1

Archimedes (287–212 v. Chr.):

Miss alles, was sich messen lässt, und mach alles messbar, was sich (noch) nicht
messen lässt.

Mit den Begriffen „Genialität", „Depressivität" und „Resilienz" begegnet man
einem Forschungsgebiet, das zurzeit intensiv untersucht wird, aber nur schwer zu
durchdringen ist. Das Problem beginnt mit der Gewinnung von operational gut
begründeten Ausgangsdaten als Basis für psychometrische Tests. Um es mit
dem antiken Physiker und Mathematiker Archimedes auszudrücken: ohne *Mess-
grundlage* keine ernst zu nehmende Wissenschaft. Dieses Credo bedeutet, dass
auch in der Genialitäts-, Depressivitäts- und Resilienzforschung nur mit zuver-
lässigen und gültigen Messverfahren ein gutes Arbeiten möglich ist – allerdings
ist die Realität dieses Forschungsbereichs davon noch weit entfernt. Hier werden
zuerst die konzeptuellen Fragen von Genialität und Depressivität (Abschn. 1.1)
und danach die Probleme der Resilienz behandelt (Abschn. 1.2). Am Kapitelende
findet sich eine Auswahl der aktuellen Basisliteratur (Abschn. 1.3).

1.1 „Genialität" und „Depressivität" in ihrem sozialen Kontext

Das Wort „Genie", über das heutzutage viel gestritten wird, sollte jenen Menschen
vorbehalten bleiben, die selbst noch unter den Außergewöhnlichen herausragen
(Quelle: Howard Gardner 1999, S. 73).

© Springer Fachmedien Wiesbaden GmbH, ein Teil von Springer Nature 2019
V. Sarris, *Genialität, Depressivität, Resilienz,* essentials,
https://doi.org/10.1007/978-3-658-24501-6_1

Seit Aristoteles und seinem Schüler Theophrast wurde ein Zusammenhang zwischen „Genie" und „Wahnsinn" vermutet; jedoch wurde diese *Mad Genius*-Hypothese erst seit wenigen Jahren genauer untersucht, allerdings mit vielen kontroversen Befunden (Kyaga 2018; Sarris 2018).

Genialität Unter „Genialität" wird – in Abhebung von dem laxen Sprachgebrauch – eine nur sehr wenigen Menschen zukommende Qualifikation verstanden.

▶▶ **Definition von „Genialität"** „Genialität" ist eine herausragende, nahezu einmalige schöpferische Eigenschaft von nur sehr wenigen Menschen mit exzeptionellen geistigen und/oder anderen künstlerischen bzw. musischen Leistungen.

Die Begriffe „genial", „kreativ" und „originell" sind *per fiat* möglichst genau voneinander zu unterscheiden, auch wenn es in der Fachliteratur verschiedene, meist unklar verwendete Begriffsbestimmungen gibt. Das *Neue (Offenheit für Neues)* ist die Basis für das *„Originelle"* („neu" ist nur notwendig, aber nicht hinreichend für „originell"). Darüber hinaus hat man unter „Kreativität" eine neuartige *und* originelle, auch sinnvolle bzw. nützliche Lösung von Aufgaben zu verstehen (Runco und Jaeger 2012). Ein Beispiel für *Originalität* liefert Joy P. Guilfords bekannter Test für ungewöhnliche Verwendungen (divergentes Denken: Guilford 1950; s. Sarris 1995). Eine Illustration für *Kreativität* – in Abhebung von *Originalität* und Genialität – ist das Zeichnen einer Katze von Kindern im Kindergarten; bereits in diesem Alter können Kinderzeichnungen durchaus etwas „Kreatives" darstellen, wobei allerdings große Unterschiede in der Gestaltungs- und Ausdruckskraft bestehen. Demgegenüber ist *„Genialität"* die höchste kognitive Leistung, wohingegen „Originalität" *und* „Kreativität" nur notwendige, aber nicht hinreichende Voraussetzungen für das „Geniale" einer Leistung sind (Sarris 2018; s. dort Abb. 1.1). Wenn ferner gilt, dass eine kreative oder gar geniale Leistung stets aus dem *Wollen* und permanentem *Üben* einer Person besteht

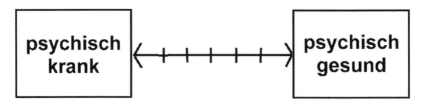

Abb. 1.1 Beispiel für eine Rangskala: Graduelle Einteilung eines mehrstufigen Kontinuums mit den beiden Polen *„psychisch gesund"* und *„psychisch krank"*

(Jäncke 2008: *„Üben, Üben, Üben ...* "), dann bezieht sich das damit Gemeinte auch auf das Konzept der „Resilienz" (s. Abschn. 1.2). – Hier noch einige Eigenschaften die mit der „Genialität" typischerweise verbunden werden (jeweils in *extremer* Merkmalsausprägung):

* Neugier
* Fantasie
* Enthusiasmus
* Optimismus
* Tatkraft
* Mut/Risikobereitschaft
* Ausdauer/Geduld

Der Geniale brennt für sein Werk (Leidenschaft, *„flow":* s. Csikszentmihalyi 2014). Allerdings entzieht sich der notorisch unklare Begriff für das *geniale* Denken einer noch genaueren, psychometrisch exakten, Bestimmung – schon weil „Genialität" keine feste Eigenschaft („trait") wie etwa der Körperbau oder die Augenfarbe eines Menschen ist. Denn die Zuschreibung von „Genie" hängt immer auch von den Merkmalen einer *zeitgeistbestimmten* Anerkennung ab, seien diese nun geistige Leistungen (Sarris und Wertheimer 2018), künstlerische Fähigkeiten (Ginsburg und Wyers 2014), musikalische Produktionen (Kozbelt 2014) oder wissenschaftliche (Feist 2014) und auch literarische Errungenschaften (McKay und Kaufman 2014). Es handelt sich dabei stets auch um die soziale Reputation, die einem genialen Menschen von seiner Mitwelt bescheinigt oder aber nicht bescheinigt wird. Ein viel zitiertes Beispiel dafür ist die späte Anerkennung des Astronomen Nikolaus Kopernikus als „Genie", ein anderes die lange Hintanstellung des Komponisten Johann Sebastian Bach, als „Genie" erst durch Felix Mendelssohn Bartholdy wiederentdeckt (1827). Ein weiteres Beispiel ist der erst so spät als „genial" gepriesene Maler Dominikos Theotokópoulos, genannt El Greco, dessen Werke erst mehrere Jahrhunderte nach seinem Tod berühmt wurden (Tzermias 2012). Man denke ferner an den Aspekt des *Geniekults* (Genie im sozialen Kontext: s. *Zeitgeist*). Zu diesem Themenkomplex gehört auch die Problematik, dass ein Literat, ein Künstler, ein Musiker oder ein Wissenschaftler aus mancherlei Quellen außerhalb des Werks zum Genie „aufgebaut" wird (Selbst- und Fremdinszenierung).

Mit der Schwierigkeit einer präziseren Begriffsbildung hängt zusammen, dass exakt messende Tests allein schon für die Kreativität nicht existieren und schon gar nicht zuverlässige und gültige Testverfahren für Genialität (Silvia et al. 2008). Trotz dieser Problematik lassen sich die drei Hauptkonzepte der „Genialität",

„Depressivität" und „Resilienz" wenigstens in Form von *rangskalierten* Ausprägungen abstufen (Rangskalenniveau: s. Abb. 1.1).

Depressivität Unter einer psychischen Störung versteht man klinische Verhaltens- und Erlebnismerkmale einer Psychose, welche mit einem hohen Leidensdruck sowie mit gravierenden hirnphysiologischen Beeinträchtigungen des Realitätssinns verbunden sind (zum sozialen Kontext s. Abschn. 1.2).

▶ **Definition von „Depressivität"** Die Depression ist eine medizinisch bedeutsame Erkrankung, die das Denken, Fühlen und Handeln der davon betroffenen Menschen nachhaltig beeinträchtigt, das mit erheblichen Störungen der Körperfunktionen sowie der Erlebnis- und Verhaltensweisen.

In dieser Definition für Depressivität sind die psychopathologischen Merkmale nur der *endogenen* Beeinträchtigung des Wahrnehmens, Denkens und der Emotion enthalten (Davison et al. 2016). In Abb. 1.1 ist die graduelle Abstufung der Dimension „psychisch gesund" versus „psychisch krank" auf einer fünfstufigen Rangskala dargestellt (s. dazu auch die *Beck-Depressionsskala:* Hautzinger et al. 2012). – Ein einfaches *Beispiel:* Eine Checkliste zur Bestimmung von klinisch relevanter „Depressivität" besteht aus nur neun Items (DSM-5, *Diagnostic and Statistical Manual of the American Psychiatric Association;* s. Davison et al. 2016) – nämlich:

- Niedergeschlagenheit
- Interessenlosigkeit
- Gewichtsverlust
- Schlafstörungen
- psychomotorische Störungen
- Müdigkeit/Schläfrigkeit
- Wertlosigkeitsgefühle
- Entschlusslosigkeit/Konzentrationsprobleme
- Suizidgedanken

Im Falle des Vorliegens von fünf oder mehr dieser Symptome während der vorangegangenen zwei oder mehr Wochen wird eine *Depressivität* angenommen, wobei eine solche Diagnosestellung heutzutage durch bildgebende Diagnostik sowie medizinisch-psychologische Anamnese substantiiert wird. Neben der „unipolaren Depression" interessiert hier vor allem die „bipolare Depression" (frühere Bezeichnung: manisch-depressive Erkrankung). Die klinische Depression darf nicht verwechselt werden mit der im Alltag viel häufiger anzutreffenden „Melancholie", bei welcher ohnehin der *psychosoziale* Kontext dominiert (Zehentbauer 2014). Bei unseren drei Fällen von Genialen – Byron, James und Hemingway – spielen die (manisch-)depressiven Zustände eine besonders große Rolle.

1.2 Das biopsychosoziale Interaktionsmodell der Depressivität

Das allgemeine biopsychosoziale Interaktionsmodell stellt eine wesentliche Erweiterung der früheren statischen Grundkonzeption der Hirnforschung und Psychologie dar zugunsten der Annahme von komplexen Interaktionen zwischen den biologischen und psychosozialen Einflussfaktoren. Neben den genetischen und neurobiologischen Faktoren sind psychische sowie kognitiv-soziale Einflüsse auf die Genese von Depressivität *interaktiv* relevant (*Bio-*, *Psych-* und *Soz-*Faktoren):

A. *Bio*-Faktoren der Depression
   – Genetische Disposition
   – Immunologische Faktoren
   – Neuronale Faktoren
B. *Psych*-Faktoren der Depression
   – Erleben: Freudlosigkeit
   – Verhalten: Erniedrigende bzw. stark reduzierte Aktivitäten
   – Chronischer Verlust
C. *Soz*-Faktoren der Depression
   – Umweltfaktoren
   – Soziale Faktoren
   – Kulturelle Faktoren

Die Neuropsychoimmunologie und die Neuroendokrinologie liefern viele Belege für die „plastischen" (adaptiven) Wechselwirkungen zwischen diesen Faktoren, auch wenn die damit gemeinten *Interaktionen* nur schwer experimentell zu fassen sind (Kap. 5).

Resilienz Die Resilienz – eine biopsychosoziale Widerstandskraft aufgrund von „kognitiver Reserve" (Abschn. 5.1) – meint die Abwehr bzw. Reduktion von extremen biologischen, sozialen und/oder persönlichen Hindernissen. In diesem Sinne ist Resilienz das Gegenteil von „Resignation" (Niedergeschlagenheit mit extremer Antriebsschwäche).

▶ **Definition von „Resilienz"** Die Resilienz ist die intra- und interindividuell sehr variable kognitive und motivationale Fähigkeit eines Menschen, mit widrigen Lebensumständen, das heißt extrem hinderlichen bzw. belastenden Situationen, erfolgreich umzugehen („psychische Widerstandskraft").

Im optimalen Fall geht Resilienz mit einem positiven Grunderleben einher („*flow*"; Mills und Dombeck 2005). Typische Merkmale der in Forschung und Praxis untersuchten Resilienz sind die folgenden (Reivik und Satté 2002):

- Offenheit für Neues
- fantasievolle Einstellung zur Problemsituation
- Berücksichtigung von Vorbildern
- Risikobereitschaft und Durchsetzungswille
- Selbstachtung/positives Selbstwertgefühl
- Emotionssteuerung/Impulskontrolle
- körperliche und geistige Vitalität

Positive Beispiele aus einer Skala für „*Offenheit für Neues*" (Merkmal 1) sind: „Ich begeistere mich für neue Herausforderungen", „Alles was der Alltag bietet, macht mich neugierig". Positivbeispiele aus einer Skala für „*Fantasievolle Einstellung*" sind (Merkmal 2): „Schon als Kind hatte ich eine lebendige Vorstellungskraft", „Wenn ich etwas erklären soll, benutze ich dazu bildhafte Vergleiche". Das Konzept der *gelungenen* Resilienz geht von der Annahme der Existenz des – von einigen Hirnforschern und Psychologen angezweifelten – freien Willens aus (Groeben 2015). Der in vielen Bereichen verwendete Begriff der Resilienz („*Stresscoping*") weist eine Reihe von bisher unzureichend erforschten Problemen auf – zum Beispiel:

- Konzeptuelle Fragen: Liegt eine enge oder weite Begriffsbestimmung der Resilienz vor?
- Psychometrische Fragen (Messen): Sind die Zuverlässigkeit und Gültigkeit der jeweils verwendeten ein- oder mehrdimensionalen *Resilienz*-Skalen hinreichend gegeben?
- Liegt Resilienz als eine feste Personeneigenschaft („*trait*") oder aber als eine veränderliche Eigenschaft („*state*") vor?

Erst seit wenigen Jahren werden auch die neurobiologischen Grundlagen der Resilienz intensiv untersucht (Kap. 5).

1.3   Aktuelle Fachliteratur

Aus der Fülle der Publikationen wird hier auf einige wenige aktuelle Literatur hingewiesen. Die allgemeine Thematik der psychischen Störungen wird in dem folgenden Einführungswerk behandelt:

- Davison, G. H., Neale, J. M., & Hautzinger, M. (2016). Klinische Psychologie. (8. Aufl.). Weinheim: Beltz.

Kay R. Jamison hebt die humangenetischen Dispositionen für die Entstehung der bipolaren (manisch-depressiven) Erkrankung hervor, wohingegen Andreas Heinz (2015) die psychosozialen Bedingungen für das Auftreten von Psychosen betont:

- Jamison, K. R. (1993). Touched with fire: Manic-depressive illness and the artistic temperament. New York: Free Press.
- Heinz, A. (2015). Der Begriff der psychischen Krankheit. (2. Aufl.). Berlin: Suhrkamp.

Das Herausgeberwerk von James C. Kaufman berücksichtigt viele verschiedene Positionen der aktuell diskutierten Themenbereiche:

- Kaufman, J. C. (Hrsg.). (2014). Creativity and mental illness. New York: Cambridge University Press.

Die *Mad Genius*-Problematik ist vom Verfasser untersucht worden:

- Sarris, V. (2018). Genie und Psychopathologie: Drei psychohistorische Fälle. (Springer *essentials*). Wiesbaden: Springer.

Ein leicht verständliches Buch über die Resilienz wird als eine Einführung in die Thematik empfohlen:

- Reivich, K., & Shatté, A. (2002). The resilience factor: Seven keys to finding inner strength and overcoming life's hurdles. New York: Random House. (Deutsche Übersetzung, 2013).

Die Fachliteratur speziell zu George Byron, William James und Ernest Hemingway findet sich am jeweiligen Kapitelende (Kap. 2 bis 4).

Lord George Byron – junger Held der romantischen Poesie Englands

2

George Byron:

> Wir von dieser Zunft (Poeten) sind doch alle verrückt (Quelle: K. R. Jamison 1993, S. 2).

Dieses bekannte – gleichwohl irreführende – *Credo* von George Byron (1788–1824) muss wenigstens den Bewunderer seiner Dichtung überraschen, der in diesem Genialen lediglich das Heldenhafte sieht. Tatsächlich aber war Byron, einer der berühmtesten Vertreter der romantischen Poesie Englands, eine schillernde Person. Einerseits brillierte er mit seiner besonderen Begeisterungsfähigkeit, auch mit seinem Charisma und Charme, aber andererseits fiel er durch seinen plötzlichen Jähzorn und aufbrausenden Charakter auf. Schon in jungen Jahren hatte er manche begeisterte Anhänger, er erfuhr aber auch schroffe Ablehnung wegen vieler seiner Eskapaden. Er wurde rasch berühmt. In seinen Freundeskreisen imponierte er mit provokanten Schriften und auch mit seinem jugendlich-extravaganten Auftreten – zunächst im Heimatland England, später in Italien und besonders dann in Griechenland, wo er noch heute als Freiheitsheld verehrt wird.

Dabei ist selbst den Verehrerinnen und Verehrern seiner Poesie bis heute kaum bekannt, dass Lord Byron

- auch viele kompromittierende Tagebuchaufzeichnungen und äußerst provokante Briefe verfasst hat
- in Griechenlands Freiheitskampf der 1820er Jahre persönlich nie mit der Waffe gegen die Türken kämpfte
- neben seinen manischen Phasen viele Episoden depressiver Verstimmungen bis hin zu suizidalen Fantasien hatte und
- in seinem *Familienstammbaum* psychisch Labile bzw. Kranke gehäuft auftreten.

© Springer Fachmedien Wiesbaden GmbH, ein Teil von Springer Nature 2019
V. Sarris, *Genialität, Depressivität, Resilienz,* essentials,
https://doi.org/10.1007/978-3-658-24501-6_2

Wie erklären sich die zahlreichen skandalösen Auftritte von Byron im Kontext seines bewegten Lebens (Marchland 1982; Tuite 2015)?

2.1 Byrons Biografie und Psychopathologie

George Byron, vaterlos aufgewachsen, fiel bereits in seiner Schulzeit als hochbegabter, aber schwer zu zügelnder Junge auf – beispielsweise zettelte er im Alter von 16 Jahren mit einigen Mitschülern einen militanten Aufstand an (s. Zeittafel).

Hintergrundinformation
Zeittafel Lord George Byron (1788–1824)
! Nervenkrisen sind hier besonders herausgestellt.

1788	Geburt von George Gordon Byron in London am 28. Januar, bekannt als Lord Byron; Sohn von Lord John Byron (1756–1791) und Lady Catherine Byron (1765–1811). Wegen der Verformung seines rechten Fußes muss er sich einer schmerzhaften Therapie unterziehen und Spezialschuhe tragen.
1789–1791	Byron zieht mit seiner Mutter nach Aberdeen/Schottland (1789); sein von der Mutter getrennt lebender Vater *("Mad Jack")* stirbt in Valenciennes/ Frankreich.
1793–1798	Schulbesuch in Aberdeen (1793–1795); Byron wird *Baron von Rochdale* und erbt das Familienschloss in Newstead Abbey (1798).
1801–1805	Byron in der Internatsschule von Harrow; dort zeigt er sein schon früh ausgeprägtes rhetorisches Talent; verantwortlich für eine Schülerrevolte. – *! Depressive Verstimmung (?)*. – Liebe zur Cousine Mary Chatsworth (1803).
1806–1808	Byrons erste Gedichtesammlung *Flüchtige Stücke* (1806) erscheint; seine Gedichte *Stunden der Muße* (1807) und *Als wir uns trennten* (1808) erscheinen. *! Depressive Verstimmungen.*
1809–1811	Byron wird Mitglied des Oberhauses (1809). – Erste Südeuropareise, vor allem nach Griechenland, Spanien und in die Türkei (mit den Freunden John Hobhouse und Robert Rushton). Er durchschwimmt den Hellespont von Sestos nach Abydos (1810). *Das Mädchen von Athen* (1810) erscheint. – *! Depressive Verstimmungen.* – *Fluch der Minerva* wird in Athen begonnen (1811).
1812–1814	Die beiden ersten Gesänge des *Childe Harold´s Pilgrimage* erscheinen (1812). – Liebesaffären mit Lady Caroline Lamb und Lady Jane Oxford (1812/1813). – *! Depressive Verstimmungen.* – Intime Beziehungen zu seiner Halbschwester Augusta (1813); die uneheliche Tochter Elisabeth Medora wird geboren (1814). – Weitere Verserzählungen erscheinen (1813): *Die Braut von Abydos, Der Walzer.* – *Der Korsar* und *Lara* erscheinen (1814).

1815–1817	Die Gedichte *Hebräische Melodien* erscheinen (1815). – *! Schwere depressive Verstimmungen.* – Heirat mit Annabella Milbanke (1792–1860). *!* Weitere depressive Verstimmungen. – Geboren am 10. Dezember 1815: Tochter Ada Byron, später als Mathematikerin hervorgetreten. – *! Schwere depressive Verstimmungen.* Anna und George trennen sich im Streit (1816). – *Die Belagerung von Korinth* und *Parisina* erscheinen. – Im April 1816 Byrons Flucht aus England über die Schweiz nach Italien. Der 3. Gesang des *Childe Harold's Pilgrimage* sowie *Der Gefangene von Chillon* erscheinen. – Verhältnis zu Claire Clairmont (1798–1879); am 12. Januar 1817 wird die uneheliche Tochter Allegra geboren.
1818–1820	Das Drama *Manfred* (J. W. Goethe gewidmet) sowie die Verserzählungen *Die Klage Tassos* und *Beppo* erscheinen (1818). – Mehrjähriges Liebesverhältnis zur verheirateten Gräfin Teresa Guicchioli (Venedig, danach Ravenna, bis 1823). *Die Ode an Venedig* und die beiden ersten Versgesänge *Don Juan* – mit dem Gedicht *Isles of Greece* – erscheinen (1819).
1821–1822	Weitere Versgesänge *(Don Juan)* und Dramen erscheinen. – Tochter Allegra stirbt (1822); Freund Percy C. Shelley ertrinkt bei einer Bootsfahrt (1822). – Weitere Dramen- und Versveröffentlichungen. – *! Depressive Verstimmungen.*
1823–1824	*! Schwere depressive Verstimmungen;* im Juli 1823 Aufbruch nach Griechenland, um dort am Freiheitskampf gegen die Türken teilzunehmen. – Am 19. April 1824 stirbt Byron an Malaria in Missolunghi/Nordwesten von Griechenland; er wird in Hucknall Torckard bei Nottinghamshire beigesetzt. – Viele postume Ehrungen im Ausland, besonders in Griechenland und England.

Bis heute unvergessen geblieben ist Byrons schwärmerische Liebe zur Freiheit des unter türkischer Herrschaft stehenden Griechenlands in Verbindung mit seinem Kampfesmut für die Unabhängigkeit der Hellenen (s. auch Byrons Gedicht, 1810: „*Das Mädchen von Athen*" – mit der Zeile „Tsóe mou, sas agapó" = „Mein Schatz, ich liebe dich"):

Das Mädchen von Athen (1. Strophe)

Mädchen von Athen, geschwind,
gib mein Herz heraus, mein Kind.
Ach, ich halt es doch nicht fest -
gut, behalt es, samt dem Rest.
Und mein Abschied lautet so:
Tsóe mou, sas agapó.

Byron hatte sich von 1809 bis 1811 in Griechenland aufgehalten, hauptsächlich in Nordgriechenland (Janina), Peleponnes und Athen. Seine Werke stehen in direktem Zusammenhang mit einschneidenden Lebensereignissen, zum Beispiel seine Publikationen *Childe Herold's Pilgrimage* (1812 & 1817) oder *Don Juan* (1818 bis 1824; s. Rosen 1992; Prell 2009). Nach seiner Rückkehr von der langen Südeuropa-Reise nach London wird er 1812 durch die Veröffentlichung der beiden ersten Canti von *Childe Harold's Pilgrimage* schlagartig bekannt (Byron: *„Eines Morgens erwachte ich und fand mich berühmt")* – aber schon im selben Jahr löst er durch das Liebesverhältnis mit der verheirateten Lady Carole Lamb einen Skandal aus, der seinen Ruf als Mann mit zweifelhafter Moral prägte. Caroline Lamb beschreibt den Dichter, der fast zeitgleich eine Liaison zur Lady Jane Oxford unterhält, als *„mad, bad, and dangerous to know"* (Grosskurth 1997). Übrigens entsprechen einige seiner in depressiver Verstimmung verfassten Gedichte – ebenfalls von hohem literarischen Wert – den schwankenden Gemütslagen, so auch das berühmte Gedicht „In mir ist Nacht" mit der Klage über das *Hoffnungslose* (1815):

In mir ist Nacht *(1. Strophe)*

In mir ist Nacht – oh, schnell besaite
die Harfe, die den Gram bezwingt;
erweckt von leisen Fingern, gleite
der Schall, der süß und schmelzend klingt.
Wenn noch dies Herz nach Hoffnung ringt,
dein Zauberton läßt sie erblühn;
wenn Träne noch im Aug entspringt,
sie fließt, anstatt im Hirn zu glühn.

Jamison (1993) beschreibt ausführlich die manischen und vor allem depressiven Episoden in Byrons Leben, allerdings – dem damaligen vorwissenschaftlichen Status der Psychiatrie geschuldet – ohne sich auf genaue Krankendaten stützen zu können (s. dagegen Jamison 2017).

2.2   Byrons bipolare Persönlichkeit

George Byron mit seinen vielen schwärmerischen Eskapaden hat unter schweren manisch-depressiven Störungen gelitten, mit denen er seine unmittelbare und weitere Umgebung jahrelang konfrontierte. Darüber hat er bemerkenswert offen über sich geschrieben – bis zum Jahr seines frühen Todes. Recht früh hat George seine manisch-depressiven Gemütszustände literarisch mit denen eines inneren „*Kriegs*" verglichen (1814):

„In mir ist *Krieg*, ein Chaos meines Verstands, / Wenn alle seine Elemente verzerrt – vereinigt sind / Liegen (sie) im Dunkeln mit verquerer Macht" (Jamison 1993, S. 150). Oder er schreibt halb spöttisch, halb sinnierend an seine Gattin Annabella Milbanke, dabei sein aufbrausendes Temperament verteidigend und sie selbst als Langweilerin abstempelnd: "You don't like my 'restless' doctrines – I should be very sorry if *you* did – but I can't *stagnate* nevertheless – if I must sail let it be on the ocean no matter how stormy – anything but a dull cruise on a level lake." Einfühlsam interpretiert Jamison den flatterhaften Gemütszustand von Byron: "The conflicting factions of his (bipolar) temperament, interlaced with and beholden to his constantly *shifting moods*, gave rise to the sense that Byron housed within himself a veritable city of selves. One of his physicians described this mutability: 'Those only, who lived for some time with him, could believe that a man's temper, Proteus like, was capable of assuming so many shapes. ...(On) different hours of the day he metamorphosed himself into four or more individuals, each possessed of the most opposite qualities.'" In diesem Zusammenhang zitiert Jamison ferner die damit übereinstimmenden Eindrücke der beiden Dichterfreunde Percy Shelley und John Keats – und ergänzt: „(Here, the) focus is on the intensity, *changeability*, and complexity of Byron's temperament, its relationship to his *manic-depressive illness*, and Byron's quite extraordinary ability to harness especially his tortured emotional states" (Jamison 1993, S. 151 f.; Hervorhebung: V. S.).

Auch die nachfolgende Beurteilung von Byrons schillernder Persönlichkeit spiegelt die pathologischen Auffälligkeiten seines Verhaltens wider:

Byron suffered greatly from his predisposition to grief, and often feared that he was going mad. He wrote and talked about suicide and actively engaged in a lifestyle likely to bring about an early death. From a medical point of view, his symptoms, family psychiatric history, and the course of his illness clearly fit the pattern of manic-depressive (bipolar) illness. Symptoms consistent with mania, depression, and mixed states are evident in the descriptions of Byron given by his physicians, friends, and Byron himself. His mood fluctuations were extreme, ranging from the suicidal melancholic (depressive) to the irritable, volatile, violent, and expansive (Jamison 1993, S. 153).

Ferner sprechen auch die eigenen Worte von Byron für seine schweren depressiven Verstimmungen mit Suizidideen, bereits zwischen 1810 bis 1813; unter anderem forderte er den Schierlingsbecher des Sokrates für sich ein:

I have nothing more to hope, and may begin to consider the most eligible way of
walking out of (life), probably I may find in England somebody inclined to save my
trouble. I wish to find some of Socrates's Hemlock. (…) At twenty-three the best
of (my) life is over and its bitters double: I am sick at heart.- (…) I am too lazy to
shoot myself. At times, I fear, 'I am not in my perfect mind'. (…). I am sick – sick –
(Jamison 1993, S. 170, 172 f.).

Und in einem Brief, an seine Vertraute Lady Melbourne, datiert vom April 1814,
meint Byron, er habe sich auf seinen *Geisteszustand* von einem Arzt untersuchen
lassen: „The physician put so many questions to me about my mind and the state
of it – that I begin to think he half suspects my senses." (Jamison 1993, S. 170).
Am Ende beschreibt Lady Annabelle Byron ihren Mann nur noch als „gefährlich"
und „böse", bevor sie sich von ihm trennt (1816); und Byrons Freund, der englische Staatsmann John Hobhouse bemerkt resigniert: „Byron's depression grew
worse, deepening to the extent that his (illness became) worse than at any time
since I had known Byron." (Jamison 1993, S. 177).

Aufgrund seiner hohen Schulden und auch wegen der beharrlichen Inzest-
gerüchte (Liaison mit seiner Halbschwester Augusta) verlässt Byron 1816 die
Heimat fluchtartig und reist, nach kurzem Aufenthalt in der Schweiz, weiter
nach Italien, um sich dort niederzulassen – bereit zu neuer Dichtung und auch zu
neuen Liebesabenteuern, vor allem mit der verheirateten Teresa Guichioli. Auch
dort – besonders in Venedig, später in Ravenna – hält es ihn nur für wenige Jahre,
zumal er dort erneute Schicksalsschläge zu verkraften hat (s. Zeittafel). – In einer
seiner letzten depressiven Phasen zieht es ihn nach Griechenland, dort sein Heil
im Heldentum suchend. Dazu heißt es lapidar: „The winter before Byron sailed
for Greece, an English physician observed the poet's melancholia (depression)
and reported that Byron had asked him, *, which is the best and quickest poison?'…
I assure you, (…) I often think myself not in my right senses"* (Jamison 1993,
S. 182 f.; Hervorhebung: V.S.).

Als Quintessenz untermauert dies die Annahme, dass Lord Byron lange an der
bipolaren Krankheit litt, bis zu seinem Lebensende. Er starb am 19. April 1824
an Malaria in Missolonghi, im Nordwesten Griechenlands, kurz vor seinem
ersten Kriegseinsatz gegen die Türken. In mehreren europäischen Ländern –
besonders in Griechenland – wurde seiner mit großer Anteilnahme gedacht, vom
Dichter Johann Wolfgang Goethe (1749–1832) bis hin zum französischen Maler
Eugène Delacroix (1798–1863). Nähere Angaben über die Umstände von Byrons
Malariaerkrankung sowie über seine postumen Ehrungen finden sich an anderer
Stelle (Müller 1997).

2.3 Byrons Familienstammbaum und psychologische Interpretation

George Byrons Familienstammbaum zeigt, dass bereits seine Eltern und Großeltern väterlicherseits unter psychischen Störungen gelitten haben: Besonders der Vater („Mad Jack") litt unter den für die bipolare Krankheit typischen Symptomen. Für George selbst waren, auf den Punkt gebracht, die folgenden Eigenschaften typisch: *„violent rages and mood swings; intermittently suicidal; prolongend and recurring melancholia* (depression)." (Jamison 1993, S. 165). Byrons Tochter Ada, später als geniale Mathematikerin berühmt geworden, hatte ihrerseits unter schweren Depressionen und auch größenwahnsinnigen Vorstellungen zu leiden. Weitere Mitglieder der Familie galten ebenfalls als depressiv mit suizidalen Neigungen. Ein Schema des Familienstammbaums von George Byron findet sich an anderer Stelle (Jamison 1993, S. 164).

Psychologische Interpretation George Byron, ohne Vater aufgewachsen, litt zeit seines Lebens unter einer angeborenen Verformung seines Fußes. Auch diese Tatsache macht den bereits in jungen Jahren vorhandenen Hang zur übertriebenen Sportlichkeit und Forschheit bereits in jungen Jahren plausibel. George hat sein Missgeschick im Sinne einer Überkompensation in möglichst vielen Lebensbereichen auszugleichen versucht: in der Poesie und Politik, im Sport und auch in der Liebe. Er hat sein Dramenfragment *„Der umgestaltete Mißgestaltete"* noch kurz vor dem Tod veröffentlicht. Die Freundin Mary Shelley hat auf dem ihr zugeeigneten Exemplar den Satz notiert: „Keine Handlung Byrons, kaum eine Zeile, die er schrieb, die nicht von seinem persönlichen Gebrechen beeinflusst war".

Der umgestaltete Mißgestaltete

Mißgestalt ...
ist immer kühn. Ihr Wesen ist´s, den Menschen
an Herz und Seel zu überwältigen
und allen anderen gleichzumachen sich,
ja überlegen selbst. Es liegt ein Sporn
in der gehemmten Regungsfähigkeit,
zu werden, was ein anderer nicht vermag,
da wo auf gleichem Boden beide stehen,
und auszugleichen so das karge Erbe,
wo Natur stiefmütterlich sie kränkte.

Wesentlich konzilianter wird Byron von Thomas Moore, einem anderen Zeit-
genossen und Freund beurteilt: „His very defects, observed by his close friend
and fellow poet Thomas Moore ,… were among the elements of his greatness'."
(Jamison 1993, S. 150).

Resilienz Die psychischen Widerstandskräfte Lord Byrons gegenüber seinen manischen und depressiven Episoden lassen sich, auch mangels Krankenakten, nur schwer konkretisieren. Neben den Anlagefaktoren (*Bio*-Aspekt)
sind bestimmt die psychologischen (*Psych*-Aspekt) und sozialen (*Soz*-Aspekt)
Merkmale seiner Person mitzuberücksichtigen. Byron hat als Kind unter seiner
näheren und weiteren familiären Umwelt gelitten (Grosskurt 1997) – die psychologische Basis für die zahlreichen Überkompensationen in seinem turbulenten
Leben. Lässt sich seine Poesie auch als Ausdruck seiner natürlichen Abwehrkräfte gegen die depressiven Verstimmungen verstehen, vermischt mit vielen
manischen Gefühlszuständen? Vermutlich ja. Hat sich Byron aufgrund einer
mangelnden *Impulskontrolle* – ganz im Gegensatz zu William James (s. Kap. 3) –
allzu stark von seinen Stimmungen „treiben" lassen? Sichere bzw. befriedigende
Antworten darauf gibt es wohl nicht.

2.4   Fachliteratur

Die vorangegangene Darstellung orientiert sich vor allem an den folgenden
Arbeiten:

- Jamison, K. R. (1993). The mind's canker in its savage mood: George Gordon,
  Lord Byron. In K. R. Jamison, *Touched with fire: Manic-depressive illness and
  the artistic temperament* (S. 149–190). New York: Free Press.
- Müller, H. (1997). *Lord Byron*. Reinbek bei Hamburg: Rowohlt.
- Ueding, G. (Hrsg.). (1988). *Lord Byron. Ein Lesebuch mit Texten, Dokumenten
  und farbigen Abbildungen*. Frankfurt a. M.: Insel.

Auf die umfangreiche Literatur zu Lord Byrons literarischem Werk wird hier
verwiesen (Müller 1997; Bone 2004).

William James – Vorreiter der amerikanischen Psychologie als Wissenschaft

William James:

Wie nichtig und fernab sind doch alle unsere gewohnten Optimismen und intellektuellen sowie moralischen Vertröstungen angesichts des Verlangens nach Hilfe! ... Hilfe! Hilfe! (Quelle: Paul J. Croce 2009, S. 38).

Dieser Hilferuf eines der weltweit wohl bekanntesten Psychologen ist ein Fanal. William James (1842–1910) – Begründer der nord amerikanischen Psychologie des 19. Jahrhunderts – war ein äußerst vielseitiger Wissenschaftler. Er wirkte als Professor an der Harvard-Universität in Boston für mehrere Jahrzehnte. Seine Hauptwerke haben in der Entwicklung der Psychologie, Philosophie und auch Religionswissenschaft ihre große Bedeutung behalten.

Allerdings ist selbst dem Experten nahezu unbekannt, dass William James

- neben seinen Standardwerken eine noch immer aktuelle Psychologie des „Bewusstseins" und des „freien Willens" vorgelegt hat
- seit seinem Alter von spätestens 28 Jahren depressiv wurde und sich gegen seine psychische Erkrankung vermutlich viele Male behandeln ließ
- seine Depressivität erst 1902 von ihm publik gemacht wurde („The Varieties of Religious Experience") und
- in seinem *Familienstammbaum* manisch-depressive Erkrankungen gehäuft vorkommen.

Was macht das Leben und Werk von William James so einzigartig – und was daran ist das „Geniale"? Wie passen manche Teile der Lehre von James mit seiner psychischen Labilität und Depressivität zusammen (Pott 2017)?

© Springer Fachmedien Wiesbaden GmbH, ein Teil von Springer Nature 2019
V. Sarris, *Genialität, Depressivität, Resilienz,* essentials,
https://doi.org/10.1007/978-3-658-24501-6_3

3.1   Biografie und Psychopathologie von James

Kindheit und Jugend verbringt William James als erstes Kind von insgesamt fünf Geschwistern in der Obhut seiner bildungsbewussten und begüterten Eltern in den USA und Europa. William – stark durch den Vater geprägt – kann sich seinen vielfältigen Neigungen hingeben und sich auch seine Studienschwerpunkte in der Medizin und Psychologie selbst wählen (s. Zeittafel).

Im Vordergrund bei James steht der Mensch mit dessen höchst individuellem Erleben. Sein Werk weist – in Abhebung von den damals führenden Psychologen – die folgenden Schwerpunkte auf:

1. *Multiple Wissenschaftszugänge:* Sowohl geisteswissenschaftliche als auch naturwissenschaftliche Inhalte und Methoden;
2. *Bewusstseinspsychologie und freier Wille:* Das Bewusstsein („stream of consciousness") als Schlüsselkonzept für das Verstehen des individuellen Erlebens;
3. *James-Lange-Theorie:* „Gefühle" als erlebnisbezogene Begleiterscheinungen von bewussten und unbewussten physiologischen Vorgängen (berühmtes Paradoxon: *Wir weinen nicht, weil wir traurig sind, sondern wir sind traurig, weil wir weinen);*
4. *Religionspsychologie, empirisch begründet:* Betonung der *Vielfalt* religiöser Erfahrungen im Sinne einer empirisch orientierten Religionspsychologie (Carrette 2005; Capps 2015).

Hintergrundinformation
Zeittafel William James (1842–1910)
! Nervenkrisen sind hier besonders herausgestellt.

1842–1858	Geboren am 11. Januar in New York City, als erstes Kind des Schriftstellers und Philosophen Henry James, Sr. (1811–1882) und Mary R. James, geb. Walsh (1810–1882); sein Bruder Henry James, Jr., der spätere bekannte Schriftsteller, wird 1843 geboren. – Private Erziehung und Schulzeit meist durch Tutoren, in den USA (New York) und in Europa. – William interessiert sich früh für die Malerei, erst später für naturwissenschaftliche Fragen; Fortsetzung seiner Malstudien in Newport, RI (USA).
1859–1863	Die Familie zieht zeitweilig nach Genf, William nimmt wissenschaftliche Studien an der Genfer Akademie auf. – Rückkehr nach Newport, RI und Studium an der Lawrence Scientific School, Harvard-Universität.
1864–1871	Studium der Chemie, Medizin und Psychologie an der Harvard-Universität; Teilnahme an einer Amazonas-Expedition des Zoologischen Museums, 1865 (Harvard-Universität). – William leidet unter chronischen Rückenschmerzen, Schlafstörungen und *! Depressionen* (1866/1867; auch suizidale Gedanken?); 1869 medizinischer Doktorgrad. – *! Schwere Depressionen* (1870 bis 1971).

1872–1907	Dozent bzw. Professor an der Harvard-Universität, zunächst für Anatomie und Physiologie, dann für Psychologie (1874) und Philosophie; Einrichtung eines Psychologischen Labors, des ersten in den USA (1875); Theorie des „Bewusstseinstroms" sowie der sog. „James-Lange-Emotionstheorie".
1875–1883	Aufnahme als Mitglied der *American Academy of Arts and Sciences*. William heiratet Alice H. Gibbens (1849–1922); sie haben fünf Kinder miteinander.
1884–1889	Mitglied und Präsident der *American Society for Psychical Research* (okkulte, d. h. paranormale Phänomene).
1890	*„The Principles of Psychology"* erscheint: meistzitiertes nordamerikanisches Psychologielehrbuch; die Kurzausgabe erscheint unter dem Titel *„Psychology: Briefer Course"* (1892).
1892	James überträgt die Leitung des experimentalpsychologischen Labors der Harvard-Universität an Hugo Münsterberg.
1894	James wird Präsident der American Psychological Association (APA); 1904 erneute Wahl zum APA-Präsidenten.
1898	*„The Will to Believe and other Essays in Popular Philosophy"* erscheint.
1902	*„The Varieties of Religious Experience"* erscheint. – ! *Nervenkrise (?)*
1904	*„Does Consciousness Exist?"* wird mit anderen Aufsätzen postum als Buch publiziert: *„Essays in Radical Pragmatisms"* (1912).
1906	Rückzug aus dem Universitätsbetieb: Gesundheitsgründe, ! *Nervenkrise (?)*
1907	*„The Energies of Men"* erscheint.
1909	*„The Meaning of Truth"* erscheint.
1910	Gestorben am 26. August an einer Herzattacke in seinem Sommerhaus in Chocorua, New Hampshire.

Gegen die damals in Europa vorherrschende „Assoziations- und Elementenpsychologie" entwickelt William James seine Lehre der Psychologie *(Funktionalismus)*. Noch heute gilt James als der eigentliche Begründer der *„Bewusstseins"*- und der *„Emotions"*-Psychologie. In der Philosophie wird er neben Charles S. Peirce und John Dewey als Mitbegründer des *Pragmatismus* bekannt. In seiner Lehre ist alles menschliche Denken und Erkennen gemäß der „Nützlichkeit" für das menschliche *Handeln* verankert; als Maßstab dafür dient ihm der personenspezifische Erfahrungsrahmen im Einklang mit einer Theorie der Werte und Zwecke sowie des „freien" Willens. Dieses Credo gilt sowohl für die experimentelle Forschung als auch für die Religionspsychologie. Seine Einschätzung des emotionalen und rationalen Verhaltens lässt sich als der Versuch einer rationalen Bewältigung auch von Psychostress verstehen – mit seinen eigenen Worten auf den Punkt gebracht: *„Impulse without reason is not enough, and reason without impulse is a poor makeshift."* (s. McDermon 1967). Das Werk *„The Principles of Psychology"* (1890) wird sein Vermächtnis, trotz seiner pessimistischen Einschätzung des Wissenschaftsstatus der Psychologie, nur zwei Jahre später (1892): Das ist noch keine (Natur-)Wissenschaft, das ist nur die Hoffnung auf eine solche *(„This is no science,*

it is only the hope of a science"). – Hier noch einige weitere Beispiele für das Nach-
wirken seiner Lehre:

In Anlehnung an James hat George H. Mead die Einteilung des *Selbstkonzepts*
(*„Ich"* versus *„Du"*) vorgenommen (Mead 1934; s. Ghim 2005). Auch sticht die
Bedeutung seines Konzepts des *„Bewusstseinsstroms"* für Virginia Woolfs lite-
rarisches Werk hervor (Sarris 2018, Kap. 4). Ferner hat James das biopsychologische Konzept der *„Plastizität"* (Adaptabilität) praktisch vorweggenommen,
d. h. das Postulat der organismischen Anpassungsfähigkeit: „Organic matter,
especially nervous tissue, seems endowed with a very extraordinary degree of
plasticity; so that we may without hesitation lay down as our first proposition the
following: that *the phenomena of habit in living beings are due to the organic
materials …"* (James 1892; Hervorhebung im Original).

Das *Geniale* von William James ist die Breite und Tiefe seiner Arbeiten mit dem
Blick für das Wesentliche einer kritischen Erkenntnisgewinnung in der Psychologie –
bis heute im Prinzip unangefochten geblieben.

3.2   Die Depressivität von James und ihre Überwindung

Wie war es zu der depressiven Lebenskrise von William James im März 1870
gekommen? Auf diese Frage gibt es keine voll befriedigende ratonale Antwort,
es lassen sich aber sehr wichtige Anhaltspunkte für ihre Beantwortung finden.
Dazu wird hier zunächst die psychopathologisch zentrale Äußerung von James in
seinem religionspsychologischen Werk „The Varieties of Religious Experience"
zitiert – dort wird sein zentrales depressives Erlebnis wiedergegeben:

> Unexpectedly from the bottom of every fountain of pleasure something bitter rises
> up: a touch of nausea, a falling dead of the delight, a whiff of melancholy, things
> that sound (like) a knell, fugitive as they may be, they have an appalling convincing-
> ness … (James 1902; zit. nach Croce 2009).

William schildert in diesem Rückblick seine – mit Angst und Panik erfüllte –
schwerste Lebenskrise („the worst kind of melancholy which takes the form of
panic fear"), nämlich sein Horror-Erlebnis beim Besuch einer psychiatrischen
Klinik am Rande von Boston, als 28-jähriger Hospitant (Frühjahr 1870):

> Suddenly there fell upon me without any warning, just as if it came out of the darkness, a horrible fear of my own existence. Simultaneously there arose in my mind the image of an epileptic patient whom I had seen before in the (psychiatric) asylum, a black-haired youth with greenish skin, entirely idiotic (sic), who used to sit all day on one of the benches, or rather shelves against the wall, with his knees drawn up against his chin. ... This image and my fear entered into a species of combination with each other. *That shape am I*, I felt, potentially. (…) I became a mass of quivering fear. It gradually faded, but for months I was unable to go out into the dark alone (James 1902, S. 160 f.; Hervorhebung im Original).

In dieser Schilderung von Williams Begegnung mit einem Patienten in einer psychiatrischen Abteilung – vermutlich im McLean Hospital (Boston) – wird seine spontane Identifizierung mit dem ins Auge springenden Leid deutlich *("That shape am I ...")*. Bemerkenswerterweise hat James nirgendwo konkret bzw. ausführlich über den weiteren Verlauf seiner Depressivität und Lebenskrise geschrieben, nichts über das Weitere seiner angeblichen späteren depressiven Episoden. Bis heute fehlen einschlägige Krankenberichte bzw. Krankenakten, wohl auch deswegen, weil das Thema „Depression" vor 150 Jahren weitaus strenger als heute *tabuisiert* war (Capps 2015). Wenigstens hat William, drei Monate nach diesem Vorfall, in einem Brief an seinen ebenfalls depressiven Bruder Henry James, Jr. noch einmal Bezug auf dieses Horrorerlebnis genommen (7. Mai 1870): „I have, I think at last, begun to rise out of the ‚slough' of the past 3 months *I mean to try not to fall back again. All a man has to depend on in this world is, in the last resort, mere brute power of resistance."* (James 1868–1873; s. Leary 2015; Hervorhebung: V. S.).

Auch wenn William in diesem Brief von einer „Überwindung" seiner depressiven Episode (1870) schreibt, bleibt dabei vieles unklar: Wie oft und wann haben sich bei William später ähnliche Lebenskrisen ereignet? Hat William die Depressionen mit seinem eisernen Willen tatsächlich überwinden können? Inwieweit ist sein Widerstand („resistance") gegen die Depressivität ohne psychiatrisch-psychotherapeutische Hilfe erfolgt (s. unten)? In der einschlägigen Fachliteratur heißt es lediglich, dass William seinen Widerstand gegen die Depression durch eine intensive Auseinandersetzung mit den Werken von Arthur Schopenhauer (*Die Welt als Wille und Vorstellung,* 1859), Charles Renouvier sowie Friedrich Nietzsche über den *freien Willen* erfolgreich mobilisiert habe (Croce 2009). Eine solche Feststellung befriedigt wenigstens den Skeptiker nicht. Hier kann vielleicht die Analyse des *Familienstammbaums* von William James weiterhelfen (s. Abschn. 3.3).

Psychopathologie von William James Vermutlich hat James in seiner Verzweiflung nach verschiedenen Wegen zur Überwindung der Depressivität gesucht – hier nochmals sein eingangs zitierter Hilferuf: „It is the deeply human experience of ‚Help! Help!' …- this cry for assistance" (James 1902, S. 136). Höchstwahrscheinlich sollte die depressive Episode im Jahr 1870 kein Einzelfall bleiben – wenigstens aus der Sicht von Jamison (1993) und Lewis (1991), die übereinstimmend auf die immer wiederkehrenden depressiven Episoden im Leben von William James hinweisen:

> William James's melancholia (depression), interspersed with intense and ecstatic experiences as well, *recurred throughout of his life* and caused him to *seek endless remedies, reliefs, and cures*. (…) Like William's brother Henry, Jr., he suffered *throughout his life* from intermittent, often deep melancholy (depression): 'the black devils of nervousness, direst damndest demons'. (Jamison 1993, S. 211 f.; Hervorhebung: V. S.).
> Über das Schicksal seines ebenfalls an der bipolaren Erkrankung leidenden Bruders Robertson („Bob") hat sich William übrigens – wenig schmeichelhaft – wie folgt geäußert: „(Robertson's) cure is hopeless, I think his brain is getting more set in these irascible grooves. The only manly and moral thing for a man in his plight is to kill himself (Lewis 1991, zit. nach Jamison 1993, S. 211).

William James als Patient im McLean Hospital? Vielleicht hat William James das am Rande von Boston gelegene McLean Hospital – damals unter dem Namen „The McLean Hospital for the Insane" bekannt – zwecks geeigneter psychiatrischer Behandlung mehrfach aufgesucht (Jamison 1993)? In dieser Klinik, in der Nähe seines späteren Instituts an der Harvard-Universität in Boston, wurden Jahrzehnte später der Spieltheoretiker und Nobelpreisträger John Nash, Jr. sowie die Schriftstellerin Sylvia Plath) zeitweise untergebracht. Aber für William James als ein Patient im McLean Hospital fehlen eindeutige Belege (Capps 2008; Ponterotto 2015). Genaue Nachforschungen blieben ergebnislos, wie auch die Einschätzung von Alex Beam zeigt:

> Did William James, the brilliant, depressive, 'father of American psychology' ever sojourn at McLean ? Several doctors and even a former director of the hospital have assured not only that James stayed in the hospital more than once but also that they saw his name on the patient record list. (…) But other equally knowledgeable sources, while not denying that James may have been a patient (there), swear that there is no record of this having been there (Beam 2001, S. 47 f.; Hervorhebung: V. S.).

3.3 Der Familienstammbaum von James und psychologische Interpretation

Der Familienstammbaum von William James zeigt bereits bei seinem Vater Henry James, Sr. häufig wiederkehrende schwere depressive Episoden. Auch Williams Bruder Henry, Jr. litt unter der depressiven Erkrankung, wahrscheinlich fast sein Leben lang. Ferner waren der Bruder Robertson („Bob") James sowie die Schwester Alice James stark depressiv bzw. manisch-depressiv erkrankt. – Speziell zu William James heißt es bei Kay R. Jamison:

> (William) suffered from severe nervous instability and depression. Described by his mother (Mary James) as possessing a 'morbidly hopeless' temperament he, by his own account, spent all of one winter 'on the continual verge of suicide' … (his) 'neuroasthenia' was no temporary trouble of late adolescence. It was a deep-rooted depression, which he overcame in part by an heroic effort of will, and which periodically returned, though less crippling, throughout his life. (Jamison 1993, S. 210; Hervorhebung: V. S.).

Ein Schema des Familienstammbaums von William James findet sich an anderer Stelle zusammen mit der Auflistung der dafür herangezogenen Literaturquellen (Jamison 1993, S. 214 f.).

Psychologische Interpretation William James hat mit seiner Philosophie des *Willens* und dessen Relevanz für das eigene Leben einen heroischen Kampf gegen seine Resignation und Depressivität geführt (*„Promethean act of will"*; s. Dianda 2017). Wie aber oben mehrfach hervorgehoben, ist es nur in Ansätzen klar, in welchen Lebensabschnitten und auf welche Weise Williams so stark ausgeprägte Willensleistung zustande gekommen ist („mental cure"). Es ist unbekannt, zu welchen Zeiten William von den damaligen medizinisch-psychotherapeutischen Angeboten Gebrauch gemacht hat. So bleibt auch die Frage offen: Wie stark *ausgeprägt* waren die (manisch-depressiven Episoden wirklich – also vor, während und auch viele Jahre nach seiner ersten Depressionsphase (1869–1871)?

Resilienz Für Williams Leben wurde seine *Willensstärke* hinsichtlich der Überwindung der Depressivität ausschlaggebend (Gibbon 2018; Pawelski 2018). In seinem Gesamtwerk stechen dabei die vielen Publikationen über den „freien Willen", die „Emotionen", das „Bewusstsein" sowie auch die zum „religiösen Erleben" hervor. Hat William eine realistische Balance zwischen seiner pessimistisch-depressiven Grundstimmung und einer alltagstauglichen, optimistischen Lebensführung gefunden? Vermutlich ist ihm dies gelungen. Offen bleibt aber die Frage, inwieweit seine auffallend lang verfolgten Interessen an religiösen und sogar okkulten Phänomen – immerhin über zwei bis drei Jahrzehnte hinweg – eine große *psychohygienische* Rolle für ihn gespielt haben (James 1986; s. Capps 2015; Leary 2015).

Lässt sich für William James das biopsychosoziale Interaktionsmodell der Resilienz sinnvoll anwenden? Auch diese Frage wird hier vorsichtig bejaht, auch wenn sie mangels klinisch-psychologischer Daten nicht schlüssig beantwortet werden kann. Ebenfalls mit einiger Vorsicht wird hier auf Sir Winston Churchill und dessen eigene Resilienz hingewiesen – dieser englische Staatsmann fand zur Bekämpfung seiner Depression ein für ihn besonders probates Mittel, und zwar das seiner jahrlangen *Malerei* (Kielinger 2015).

3.4   Fachliteratur

Für die obige Darstellung wurden hauptsächlich die folgenden Arbeiten herangezogen:

- Croce, P. J. (2009). A mannered memory and a teachable moment: William James and a French correspondent in the Varieties. *William James Studies, 4,* 36–69.
- Jamison, K. R. (1993). The James family. In K. R. Jamison, *Touched with fire: Manic-depressive illness and the artistic temperament* (S. 207–216). New York: Free Press.
- Leary, D. E. (2015). New insights into William James´s personal crisis in the early 1870s. *William James Studies, 11,* Part I: 1–27; Part II: 28–45.

Auf die umfangreiche Literatur zum Leben und Werk von: William James wird hier verwiesen (Croce 2009; Leary 2015).

Ernest Hemingway – Wegbereiter der modernen amerikanischen Literatur

4

Ernest Hemigway:

Nun bin ich selber depressiv. Ich denke nie über solche Sachen wirklich nach. Daran denke ich nicht – und doch, sobald ich zu sprechen anfange, sage ich Dinge, die mein Verstand herausgefunden hat (Quelle: Ernest Hemingway, 1929).

Ernest Hemingway (1898–1961), Pionier der nordamerikanischen Literatur, hat in seinem Leben und Werk viele Höhen und Tiefen erfahren. Was hat das spätere körperlich-seelische Fiasko dieses sehr erfolgreichen Schriftstellers bewirkt? Seinen Anhängern ist vielfach unbekannt dass

- Ernest Hemingway spätestens seit den 20er Jahren des vergangenen Jahrhunderts unter zahlreichen manisch-depressiven Episoden litt (bipolare Depression)
- er schon seit dem Ende des 1. Weltkriegs mit starken Selbstwertproblemen zu kämpfen hatte
- er schon als junger Schriftsteller ungemein fleißig arbeitete, aber bereits damals Alkoholprobleme hatte
- bei ihm neben seiner Depressivität weitere hirnpathologische Symptome zu verzeichnen waren und
- in seinem *Familienstammbaum* psychische Erkrankungen und Suizidfälle gehäuft vorkommen.

Für die Beurteilung von Hemingways kontroverser Persönlichkeit gilt, dass eine an den Fakten orientierte Darstellung der Krankengeschichte einer Bewunderung seiner literarischen Leistungen keinesfalls im Wege steht – im Gegenteil.

© Springer Fachmedien Wiesbaden GmbH, ein Teil von Springer Nature 2019
V. Sarris, *Genialität, Depressivität, Resilienz,* essentials,
https://doi.org/10.1007/978-3-658-24501-6_4

4.1 Hemingways Biografie und Psychopathologie

Das Männerbild von Ernest Hemingway in zahlreichen seiner Kurzgeschichten und Novellen – in denen die heroische Entschlusskraft, der männliche Mut, die selbstlose Bereitschaft zum Sterben und auch eine gehörige Trinkfestigkeit unter Männern dominierten – hat viele Millionen seiner Leser jahrzehntelang fasziniert (s. Zeittafel).

Hintergrundinformation
Zeittafel Ernest Hemingway (1899–1961)
! Nervenkrisen sind hier besonders herausgestellt.

1899	Geburt von Ernest M. Hemingway am 21. Juli in Oak Park, Illinois als Sohn des Arztes Clarence H. (1871–1928) und der Opernsängerin Grace H. Hemingway (1872–1951).
1913–1917	Besuch der Oak-Park Highschool. – Journalistische Tätigkeit (Voluntärzeit) in Kansas City beim *Kansas City Star* (später in Toronto und Chicago).
1918–1920	Am Ende des 1. Weltkriegs freiwilliger Militärdienst beim Roten Kreuz an der italienischen Front. Verwundung und Lazarettaufenthalt in Mailand, er lernt dort die Krankenschwester Agnes von Kurowski kennen. – Mitarbeiter beim *Toronto Star,* danach journalistische Tätigkeit in Chicago. – Begegnung mit Hadley Richardson.
1921–1926	Ernest und Hadley heiraten in Horton Bay; berufliche und private Reisen in die Schweiz, nach Spanien, Italien und in den Nahen Osten. Intensive schriftstellerische Tätigkeiten; *Three Stories and Ten Poems* erscheint (1923). Sohn John („Jack") geboren (1923). – *! Nervenkrise.* – Hemingway lernt Pauline Pfeiffer kennen (1925). *Die Sturmfluten des Frühlings* und *Fiesta* erscheinen (1926).
1927–1931	Scheidung von Hadley; Heirat mit Pauline Pfeiffer (1927). Sohn Patrick geboren (1927). – *! Suizid* von Hemingways Vater (1928). *! Nervenkrise.* – *In einem anderen Land* (1929) und *Tod am Nachmittag* (1931) erscheinen. – Sohn Gregory geboren (1931).
1933–1936	Afrikasafari mit Pauline (1933/1934). – *Die grünen Hügel Afrikas* (1935) erscheint. – Hemingway lernt in Key West, FL Martha Gellhorn kennen. – *! Nervenkrise.* – Sammelaktion zur Unterstützung der Spanischen Republik (1936).
1937–1940	Spanienreise; Dreharbeiten für *Die spanische Erde* (1937); Arbeit am Theaterstück *Die fünfte Kolonne* (1938). – Beginn der Arbeit an *Wem die Stunde schlägt* (1940). – Scheidung von Pauline; Hemingway heiratet Martha Gellhorn (1940). – Kauf der Finca „Vigía" (Kuba).
1942–1945	Fahrten mit der *„Pilar"* als U-Boot-Falle; Reise zu asiatischen Kriegsschauplätzen und Kuba-Reise. – Bekanntschaft mit Mary Welsh.

1946-1950   Heirat mit Mary Welsh (1946). Italienreise und Begegnung mit Adriana Ivan-
            cich (1948). – *.! Manisch-depressive Episode* (1949). Roman *Über den Fluß
            und in die Wälder* erscheint (1949). – Weitere Europa- und USA-Reisen.
1952–1954   *Der alte Mann und das Meer* erscheint (1952). – *! Zweimaliger Flugzeug-
            absturz* in Afrika (Hirntrauma 1954). – Nobelpreis für Literatur (1954).
1956–1961   Aufbruch zu einer weiteren Afrikareise (1956). Arbeit an *Paris – ein Fest
            fürs Leben* (1957). – Revolution auf Kuba (1959). *! Auf Kuba schwere
            Depressionen.* – *!* Spanienaufenthalt und Verfolgungsängste (1960). Rück-
            kehr nach New York und Ketchum, Idaho. *! Schwere Depressionen* (1960);
            Entlassung aus der Mayo- Klinik; *!* Suizidversuche und weitere Elektro-
            schocktherapie. – *!* Hemingway erschießt sich am 2. Juli 1961 mit seiner
            Schrotflinte in seinem Haus in Ketchum, Idaho.

Als junger Mann arbeitet Hemingway als Reporter, zunächst in Kansas City, dann
in Toronto und Chicago, bevor er als Sanitätsfreiwilliger am 1. Weltkrieg teilnimmt
und dort verwundet wird. Seine Kriegsverletzung und der Selbstmord seines Vaters
(1928) prägen ihn zutiefst – fortan gehören körperliche sowie seelische Verletz-
barkeit und die Versuche, sich ihrer habhaft zu werden, zu den zentralen Themen
seiner journalistischen und schriftstellerischen Bemühungen. Ernest, der in den
20er Jahren mehrere Jahre in Paris lebt und dort die Bekanntschaft mit anderen
amerikanischen Schriftstellern der *Verlorenen Generation („Lost Generation")* –
vor allem mit Gertrude Stein, Ezra Pound und S. Scott Fitzgerald – macht, wird
dort rasch als geniales Schreibtalent erkannt und gefördert. Dabei hilft ihm die
grandiose Fähigkeit eines sparsamen Schreibstils, d. h. schnörkellosen Prosa, sowie
einer empathischen Sprachführung, gepaart mit einer desillusionierten Lebens-
perspektive, in welcher Vieles – kunstvoll – nur angedeutet bleibt, jedoch seine
Leser zu fesseln vermag. Im Zentrum seiner Kurzgeschichten und Romane stehen
der Verlust von Lebensorientierung sowie die unterkühlte Aufbruchshaltung einer
frustrierten Nachkriegsgeneration in den USA und Europa nach dem 1. Weltkrieg.
Dieses Denken bzw. Lebensgefühl findet seinen Niederschlag auch in Hemingways späteren Schriften einer engagierten Kriegsberichterstattung im Spanischen
Bürgerkrieg (1936–1939) sowie im 2. Weltkrieg.

Ernest war körperlich und mental ausgesprochen vital. Wie konnte es geschehen, dass er – der kluge und erfolgreiche Mann – in den letzten Lebensjahren psychisch krank und lebensmüde wurde, mit dem starken Hang zur Depressivität und
Suizidalität? Bis heute liegen keine veröffentlichten Krankenakten für Hemingways manisch-depressives Leiden vor. Eine Objektivierung von Hemingways
bipolarer Erkrankung wird dadurch erschwert, dass er und auch seine Familie ihre
Krankenberichte zu verbergen wussten, so auch sehr lange den brutalen Freitod
(1928) von Hemingsways Vater, dem Arzt Dr. Clarence Hemingway verschwiegen,
wie das Beispiel von Ursula Hemingway, Ernests Schwester, zeigt:

Thirty-four years after Dr. Hemingway took his father's ancient Smith & Wesson revolver from a drawer of his desk and fired a bullet into his head, his oldest daughter (Ursula) was still unwilling to talk about the possibility that for as long as she had known him he had been struggled with some form of manic-depressive illness – that his convulsive rages, feverish enthusiams, and sporadic collapses were the contrasting part of a pattern (Lynn 1987, S. 36).

Seit seiner Kindheit hatte Ernest ein gespaltenes Verhältnis zu seinen Eltern, besonders zu seiner Mutter Grace Hemingway, die er hasste, da er ihr die Schuld für den Suizid des Vaters gab. Wie ist das psychologisch einzuordnen (s. Abschn. 4.3)?

4.2   Hemingways bipolare Episoden

Wichtige Episoden von Hemingways bipolarer Krankheit stehen im Einklang mit den Angaben seiner Biografen, so auch die folgenden (Martin 2006):

- *1924:* In einer manischen Episode werden fast ohne jeglichen nächtlichen Schlaf viele von Hemingways frühen Kurzgeschichten verfasst, zum Teil in einer Mischung von manischer *und* depressiver Stimmungslage.
- *1934:* Auch in dieser Schaffensphase verfasst Hemingway mit nahezu „krankhafter" Energie und unermüdlichem Tatendrang viele weitere Artikel und Kurzgeschichten.
- *1936:* Schwere depressive Verstimmungen, von denen er nur den engsten Vertrauten schreibt, beispielsweise seinem langjährigen Freund John Dos Passos (1896–1970).
- *1960–1961:* Schwere depressive Verstimmungen mit Symptomen von Alkoholabusus, Gehirntraumata und Suizidabsichten.

An die Schwiegermutter schreibt Hemingway 1936 über seine Schlaflosigkeit und manisch getönte Depressivität: „Ich hatte nie zuvor diese wirkliche alte Melancholie (Depression), aber ich bin froh, dass ich sie gehabt habe, weil ich nun weiß, was Menschen so durchmachen" (Hemingway 1981). Er könne nun seinen Vater besser verstehen, wie es in einer weiteren Briefpassage heißt:

(I) didn't sleep for about three weeks. … (When) you're writing on a book and can't sleep your brain races at night and you write all the stuff in your head, and in the morning it is gone and you are pooped. – (I) had never had the real old melancholia before … (but) I am glad to have had it so I know what people go through. It makes me more tolerant of what happened to my father (Hemingway 1981, zit. nach Martin 2006, S. 353 f.).

Im Gegensatz dazu betont Kay R. Jamison Hemingways (1935) klare Distanzierung vom Suizid des Vaters – dieser sei in Wirklichkeit ein „Feigling" gewesen; er (Ernest) habe den Freitod für sich selbst ausgeschlossen:

> My father was a coward. He shot himself without necessity. At least I thought so. I had gone through it myself until I figured it in my head. I knew what it was to be a coward and what it was to cease being a coward. (…) I knew it was better to live so that if you died you had done everything that you could do about your work and your enjoyment in life up to that minute … which is very difficult (Jamison 1993, S. 228).

Hemingways Depressionen und Alkoholprobleme Hemingway hat bereits als junger Mann, ab dem Ende des 1. Weltkriegs, viel – nach heutigen Maßstäben allzu viel – Alkohol getrunken. Er wurde zu einem passionierten Trinker über die Jahre (Martin 2006). Zu diesem Thema meinte er in einem Brief (1935) an den russischen Schriftsteller und Übersetzer Ivan Kashkin – seinen Alkoholkonsum verteidigend –, dass man nach getaner harter Arbeit durchaus einen „ *Whisky* " brauche: „When you work hard all day with your head and know that you must work again the next day what else can change your ideas and make them run on a different plane like whisky?" (Hemingway 1981). Seine Alkoholprobleme wurden von verschiedenen Psychiatern herausgestellt, besonders nach seinem Tod – zum Beispiel von Kay R. Jamison, die Ernests Alkoholabusus mit demjenigen von Edgar Allen Poe (1809–1849) verglich, der von sich prägnant das Folgende festgestellt hatte: „Während dieser kläglichen Phasen trank ich Gott weiß wie viel oder wie lang. *Meine Feinde bezogen diesen Wahnsinn auf mein Trinken statt das Trinken auf meinen Wahnsinn.* " (Zit. nach Jamison 1993; Hervorhebung: V. S.). Hemingways Krankheitsproblematik hat viele seiner Biografen beschäftigt, so auch Mary Dearborn, die dessen *Manie und Depressivität* in Beziehung zu seiner schriftstellerischen Produktivität setzt:

> While mental illness had been lurking in Ernests's genes since birth, it had not previously predominated in his emotional life. In fact, he does not seem to have suffered earlier from full-blown mania though his characteristic quickness, high self-regard, and sheer exuberance all might be seen as manic symptoms, responsible for his great productivity and, in a different aspect, even his charisma. The concomitant depressive episodes are a little easier to track: Ernest seems to have sunk into a major depression during, for example, the hundred-day separation from (his first wife) Pauline in 1926, when he threatened suicide (Dearborn 2017, S. 519; Hervorhebung: V. S.).

Für die medizinische Indikation einer rechtzeitigen medizinischen Behandlung der bipolaren Erkrankung gilt – bis heute – das Folgende: „Bei der Diskussion der realen Probleme mit der (ärztlichen) Behandlung der manisch-depressiven Krankheit muss man sich der weitaus schlimmeren Konsequenzen einer *Nicht*-Behandlung voll im Klaren sein. Denn ohne jede Frage ist es so, dass *Lithium* und die anderen antikonvulsiven (krampflösenden) Medikamente enorm wirksam sind: bei der Behandlung der manisch-depressiven Erkrankung und auch der *Suizid*-Vorbeugung. Die Belege dafür sind zwingend." (Jamison 1993, S. 248; Hervorhebung: V. S.). Hemingway hat sich einer Behandlung seiner bipolaren Störung sowie auch seiner Alkoholproblematik bis zuletzt entzogen. Den ihm 1954 zuerkannten Literaturnobelpreis hat er krankheitsbedingt nicht persönlich entgegennehmen können. Seine beiden letzten Lebensjahre sind von psychiatrischen Behandlungen und Suizidversuchen gekennzeichnet. Am 2. Juli 1961 nimmt sich Hemingway mit seiner Schrotflinte das Leben.

4.3 Hemingways Familienstammbaum und psychologische Interpretation

In Abb. 4.1 ist der Familienstammbaum von Ernest Hemingway wiedergegeben. Dem Stammbaum ist zu entnehmen, dass mindestens fünf Generationen der Familie Hemingway unter der depressiven bzw. manisch-depressiven Krankheit litten. Neben den manisch-depressiven Erkrankungen (Vater Clarence, Ernest selbst und sein Sohn Gregory) ist ein *Suizid* viermal bzw. fünfmal verzeichnet, nämlich bei seinem Vater, beim Bruder Leicester, bei der Schwester Ursula und bei ihm selbst. Zusätzlich ist hier der Suizid seiner Enkelin Margaux vermerkt, auf den auch die andere Enkelin Mariel aufmerksam gemacht hat (Mariel Hemingway 2015). Ferner litt Hemingways Sohn Patrick unter einer posttraumatischen Psychose (Abb. 4.1: s. *Schraffur*). Um Ernest Hemingways Suizid aus einer psychiatrischen und psychologischen Perspektive besser zu verstehen, hat vor allem Martin (2006) – zu Recht – auf dessen *multimorbide* Erkrankungssymptomatik hingewiesen. Denn bei Hemingway lagen neben seiner bipolaren Symptomatik auch mehrere Hirnschäden vor, vor allem aufgrund seines chronischen Alkoholabusus und seiner unfallbedingten Zerebralstörungen (Schädel-Hirn-Traumata).

Psychologische Interpretation Ernest Hemingway, genialer Schriftsteller und auch ein Meister der Selbstinszenierung, hat in der Öffentlichkeit bis zum Ende des 2. Weltkriegs den Nimbus seines großen literarischen Erfolgs aufrechterhalten und den Glanz einer körperlich-mentalen „Unbesiegbarkeit" bewahren können. Sein jahrzehntelanger Hass auf die Mutter geht vermutlich auf seine frühe Kindheit zurück;

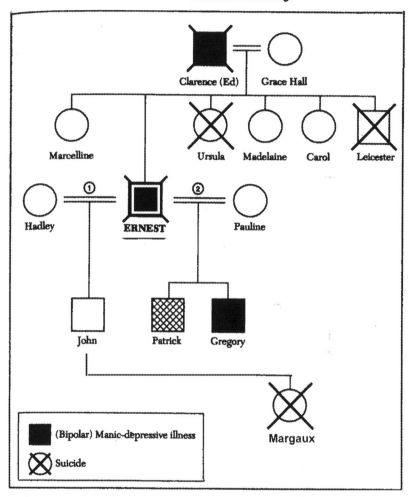

Abb. 4.1   Ernest Hemingways Familienstammbaum. Vgl. Text. (Modifiziert und ergänzt nach Jamison 1993)

er wurde in seinem zweiten und dritten Lebensjahr dazu gezwungen, die ihm ver-
hassten Mädchenkleider zu tragen (Dearborn 2017). Auch im Hinblick auf Ernests
vier Ehen und seinen vielen außerehelichen Liebschaften liegt die Vermutung nahe,
dass er trotz seines bekannten *Macho*-Auftretens sich seiner selbst nicht sicher war
(Fantina 2005) – ja, dass er im Laufe der Zeit seines Lebens immer überdrüssiger
wurde (Hutchisson 2016; Dearborn 2017).

Resilienz Es ist schwierig, Hemingways psychische *Widerstandskräfte* gegenüber seiner bipolaren Krankheit richtig einzuschätzen. Vielleicht hat Ernest mit
seinen jahrelangen expansiven Aktivitäten – beim Boxen, auf der Safarijagd, bei
der Hochseefischerei sowie auch in der Stierkampfarena – seine Resilienz lange
bewahren oder sogar verstärken können? Verschiedene seiner Biografen betonen
Ernests an das Pathologische grenzenden Gemütsschwankungen, die übrigens
den Eingeweihten schon seit den 20er Jahren gelegentlich aufgefallen waren.
Dabei müssen die in seinen letztenacht bis zehn Lebensjahren besonders gravierenden Risikofaktoren im Zusammenhang gesehen werden: „Clearly, he (Hemingway) possessed enormous strength and resilience to live such an extraordinarily
rich and full life. (However), given this achievement, Hemingway's life can be
considered not only a tragedy, but also a story of *triumph* (Martin 2006, S. 361;
Hervorhebung: V. S.). Ein „triumphales" Ende von Hemingway? Wohl kaum.

Vielleicht mag auf Hemingway das zutreffen, was er am Ende seiner berühmten
Novelle „Der alte Mann und das Meer" als sein Credo festgestellt hat: Am Ende
dieses Dramas kämpft der alte Fischer vergeblich mit dem Riesenfisch, der ihn
mit dessen Boot samt der Harpune immer weiter ins offene Meer zieht – dem
Alten wird bewusst, dass ihn der Fisch jederzeit aufgrund der physischen Über-
legenheit besiegen könnte – man darf sich aber niemals aufgeben: „But man is
not made for defeat … (he) can be destroyed but not defeated" (Hemingway
1952, S. 114). Richtigerweise hebt Martin (2006) die nicht näher zu spezi-
fizierende Interaktion der einzelnen Risikofaktoren für Hemingways multimorbide Gesundheitsproblematik hervor, besonders aber die folgenden Faktoren:
seine vererbte bipolare Krankheit, sein Alkoholismus, seine verschiedenen
Hirntraumata in den 50er Jahren sowie auch sein narzisstischer Selbstzweifel
(wohl auch aufgrund der Sohn-Mutter-Vater-Konflikte seit seiner Kindheit und
Jugend). Am Ende hat Hemingway seine konstitutionelle biopsychische Vitalität, als die mögliche Basis für die Resilienz im Kampf gegen seine Depressivität,
mehr und mehr verloren.

4.4 Fachliteratur

Die obige Darstellung basiert vor allem auf den Ausführungen von Christopher Martin (2006) und Mary Dearborn (2017):

- Dearborn, M. V. (2017). *Ernest Hemingway: A biography.* New York: Knopf.
- Hutchisson, J. M. (2016). *Ernest Hemingway: A new life.* University Park, PA: Penn State University Press.
- Jamison, K. R. (1993). *Touched with fire: Manic-depressive illness and the artistic temperament.* New York: Free Press.
- Martin, C. D. (2006). Ernest Hemingway: A psychological autopsy of a suicide. *Psychiatry, 69,* 351–361.

Auf die umfangreiche Literatur zu Ernest Hemingways Leben und Werk wird hier verwiesen (Hutchisson 2017; Dearborn 2017).

Depressivität und Resilienz von genialen Persönlichkeiten

5

Paul Klee (Tagebuch 1917):

Also heißt es nun wieder kämpfen. Ich müßte überhaupt nicht auf das Wort „ankämpfen" kommen, wenn ich es rational betriebe. So (aber) wechseln wütende Anläufe und Depressionen schrecklicherweise miteinander ab (Quelle: Paul Klee 1957; S. 164).

Gegen ihre Depressivität können sich manche Menschen erfolgreich wehren und Eigenkräfte im Sinne einer Resilienz entfalten. Das zeigt auch das obige Zitat des gegen seine Depressionen „ankämpfenden" Paul Klee (1879–1940). Demgegenüber gibt es viele Menschen, die kaum bzw: gar nicht resilient sind. Bisher sind die großen Personenunterschiede in der Resilienz noch weitgehend ungeklärt. Diese Unterschiede – extreme Streubreite zwischen resilienten versus nicht-resilienten Personen – versuchen Vertreter der Positiven Psychologie mithilfe ihrer Optimismus-Pessimismus-Konzeption zu verstehen (Seligman 2011). Es besteht allerdings eine bisher unüberbrückbare Diskrepanz zwischen der „positiv" orientierten Verstehensweise dieser Psychologen und dem Bemühen um einen experimentell basierten Erklärungsansatz. Im experimentellen Fall steht der Wunsch nach wenigstens rangskalierten Messdaten in der heutigen Genie-, Depressivitäts- und Resilienzforschung im Vordergrund des Interesses – also nicht nur unterteilen nach „genial versus nicht-genial", sondern *graduell* abstufen, zum Beispiel fünfstufig nach „nicht genial", „kaum genial", „mittel", „ein wenig genial" und „genial (*Rangskalierung:* vgl. Kap. 1, Abb. 1.1). Gute Beispiele für graduelle Abstufungen sowohl von „Genialität" als auch „psychischer Störung" finden sich an anderer Stelle (Sarris 2018; s. dazu Simonton 2014, Chmitorz et al. 2018).

Es gibt weitere große Schwierigkeiten in diesem Themenbereich. So ist und bleibt die quantitative Ausprägung der Depressivität und Resilienz bei unseren

© Springer Fachmedien Wiesbaden GmbH, ein Teil von Springer Nature 2019
V. Sarris, *Genialität, Depressivität, Resilienz,* essentials,
https://doi.org/10.1007/978-3-658-24501-6_5

drei Genialen unbekannt. Damit lässt sich auch die Frage nicht beantworten, wieso William James als *Wissenschaftler* eine höhere Resilienz aufwies als die beiden *Literaten* George Byron und Ernest Hemingway: Gilt hier die Hypothese einer ungekehrt U-förmigen Beziehung (Sarris 2018, Abb. 5.1)? Demnach würden der Grad der „Genialität" und das Ausmaß einer „psychischen Störung" in einem kleinen Bereich statistisch miteinander korrelieren, allerdings nur bei (Natur-) Wissenschaftlern, nicht auch bei Literaten, Künstlern und Musikern. Inhaltlich interpretiert: Unsere Gesellschaft akzeptiert die „Verrücktheit" von Wissenschaftlern in einem sehr begrenzten Maß, dagegen dürfen Literaten, Künstler sowie Musiker auch „irre" sein, ohne dass sie dadurch weniger anerkannt wären. Ferner ist hier das Problem der Auswahl von *Einzelfällen* zu bedenken, zumal jedes Gehirn der drei Genialen einzigartig ist. Ja, die nicht-experimentelle biografische Analyse (N = 1) birgt immer die Gefahr einer unzulässigen, weil einseitigen Beurteilung infolge von „rückwärts", d. h. retrospektiv orientierten Interpretationen *(Rückschaufehler)*. Im Folgenden werden einige Möglichkeiten, aber auch Grenzen der empirisch orientierten Depressions- und Resilienzforschung bei Kreativen bzw. Genialen behandelt.

5.1   Aktuelle Depressivitäts- und Resilienzforschung

Da mit *Genialen* naturgemäß nicht im Sinne eines direkten experimentellen Vorgehens geforscht werden kann, nehmen alle Forschungsansätze zur Depressivität und Resilienz einen Umweg in Kauf, indem lediglich „kreative" versus „nicht-kreative" Personen nach festgelegten Kriterien betrachtet werden. Bestenfalls wird dann auf den „genialen" Fall – mit der gebotenen Vorsicht – geschlossen (s. beispielsweise Abraham 2013; Heilman 2016). Im Sinne des *biopsychosozialen* Interaktionsmodells sind es hauptsächlich drei miteinander verzahnte Forschungsbereiche zur Depressivität und Resilienz: a) der genetische und epigenetische Untersuchungsbereich, b) der soziale und/oder therapeutische Interventionsansatz und c) der entwicklungspsychologisch orientierte Forschungsansatz, auf die – wegen der hier gebotenen Kürze – nur verwiesen wird (Southwick und Charney 2012).

Resilienz und kognitive Reserve
Im Hinblick auf die Resilienz meint „kognitive Reserve" die Kapazität des Gehirns, biopsychosoziale Leistungsbarrieren bzw. stressinduzierte Beeinträchtigungen aktiv zu kompensieren. Das dabei Gemeinte lässt sich anhand des einfachen Beispiels einer „geringen" versus „hohen" kognitiven *Ausgangsreserve* für zwei Personen zu zwei verschiedenen Belastungszeitpunkten zeigen (Abb. 5.1; s. Stern 2009; Medaglia et al. 2017).

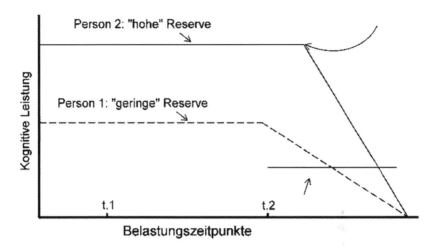

Abb. 5.1 Das *Kognitive-Reserve-Modell:* Leistungskompensation (Ordinate) bei „geringer" versus „hoher" kognitiver Ausgangskapazität für zwei Personen zu zwei Belastungszeitpunkten t.1 und t.2 (Abszisse). (Modifiziert nach Stern 2009)

In den Arbeiten von Josef Zihl zum Konzept der kognitiven Reserve bei jungen und alten Menschen spielt dieses *Kognitive-Reserve-Modell* eine zentrale Rolle (Zihl et al. 2014). Dabei ist mithilfe von kognitiven Tests gezeigt worden, dass sich die kognitiven Reserven bei älteren Menschen – ähnlich wie bei jüngeren Probanden – mobilisieren und sogar *steigern* lassen (*„Testing the limits"*-Ansatz), wobei die individuellen Grenzen der Reserve ausgelotet werden – das allerdings mit sehr hohen intra- und interindividuellen Unterschieden. Die Leistungssteigerungen sind stimmungsabhängig und von dynamischer Natur. Im Falle von personenspezifisch niedrigen Reserven gerät das „neurale Immunsystem" leicht aus dem Gleichgewicht (s. unten: *Ausgangsvulnerabilität*).

Tier- und Humanversuche im Vergleich
Die Mobilisierbarkeit von kognitiven Reserven ist eine wichtige Voraussetzung für die Bekämpfung von „Stress" bei Mensch und Tier. Man geht hier von der Überlegung aus, dass ein andauernder Stress die Entwicklung von psychischen Störungen fördert („Resilienz & Depressivität"), wobei die Resilienz neuroimmunologisch und neuroendokrinologisch mit der Stressvulnerabilität korreliert ist (Russo et al. 2012; Hodes et al. 2015; Menard et al. 2017). Anhand von Versuchen mit Mäusen wurden neurochemische Veränderungen aufgezeigt, die denen von depressiven Menschen ähnlich sind und die auch *epigenetische* – d. h. ursprünglich nicht von Genen festgelegte – Symptome erkennen lassen im Zuge von neurohormonellen

bzw. neurochemischen Resilienz-*Steigerungen* (Feder et al. 2012; Osório et al. 2017). Derlei Stress- und Depresssionsversuche mit Tieren müssen durch analoge ethisch unbedenkliche Humantests komplettiert werden. (Mäuse und andere Modelltiere können sich bezüglich ihrer *subjektiven* Depressivität schließlich nicht äußern!). Dabei ist allerdings zu beachten: Bis heute sind die Wirkmechanismen der Depressivität und Resilienz bei Kreativen versus Nicht-Kreativen noch nicht entschlüsselt (Daskalakis und Yahuda 2015; Doucet et al. 2017).

5.2   Biopsychosoziale Ansätze der Resilienzforschung

Wie die aktuellen Forschungsergebnisse zeigen, gibt es verschiedene wichtige Möglichkeiten, die hier bedeutsamen Wechselwirkungen zwischen den *„Bio"*-, *„Psych-"* und *„Soz"*-Faktoren der Abwehrkräfte gegen Depressivität zu erfassen. Einige neue Forschergruppen – beispielsweise das *„Network and Pathway Analysis Subgroup of Psychiatric Genomics Consortium"* (O'Dushlaine et al. 2015) oder das *„Deutsche Resilienz Zentrum an der Universität Mainz"* (Kalisch et al. 2015, 2017) – versuchen, die Vielzahl der bisher ungeklärten Einzelfragen mithilfe von vernetzten Arbeitsansätzen zu beantworten. Denn die hohe Komplexität der kognitiv-emotionalen Faktoren der Resilienzleistungen macht die Kombination von verschiedenen Methodenansätzen erforderlich unter der Annahme, dass die Verfahren der Psychologen, Hirnforscher, Immunologen und Epigenetiker einander fruchtbar ergänzen (Beaty et al. 2016; s. dazu kritisch auch Weisberg et al. 2015; Hopkins et al. 2016).

Resilienz und Persönlichkeitsvariablen
Einige wichtige Persönlichkeitsmerkmale bedürfen einer systematischen Mitberücksichtigung. Zum Beispiel haben James C. Kaufman und Mitarbeiter die Persönlichkeitsdimension *„Offenheit für Neues"* *(openness)* – in Verbindung mit Fantasie, Ästhetik und Emotionen – als ein wesentliches Personenmerkmal für Kreativität identifiziert (Kaufman et al. 2016; s. auch McCrae und Greenberg 2014; Vartanian 2018). Weitere Persönlichkeitsfaktoren enthält die Merkmalsliste für „Resilienz" (s. Abschn. 1.2). Demnach sind neben der *Offenheit für Neues* die Personenmerkmale *Risikobereitschaft* und *Motivationsstärke* ebenfalls zu berücksichtigende Einflussfaktoren. Einige Neuroinformatiker versuchen übrigens, das komplexe „kreative" Kognitionsgeschehen mithilfe von sog. Neuronalen Netzwerken zu erfassen, bisher allerdings mit geringem Erfolg (s. *Epilog*).

Resilienz und Vulnerabilitäts-Stress-Modell
Das Vulnerabilitäts-Stress-Modell der Gesundheitspsychologie beschreibt die wichtigsten Wechselwirkungen zwischen der Krankheitsneigung einer Person („Ausgangsvulnerabilität") und der umweltbedingten Belastung („Stress"), wobei beide Faktorengruppen für die Entstehung von psychischen Erkrankungen bedeutsam sind. Danach zeichnen sich psychisch gefährdete Menschen durch einen erheblichen *Ausgangsmangel* an Resilienz aus (vgl. Abb. 5.1). Allerdings hat dieser zweifaktorielle Modellansatz den Nachteil, dass die *Spezifikation* und die *Gewichtung* der miteinander interagierenden Einzelfaktoren nur hypothetisch, also noch unbekannt sind. Eine Erweiterung dieses einfachen Modells auf mehrere Faktoren enthält das sogenannte Inhibitionsmodell („shared vulnerability model") von Shelley Carson (2011). Dieses Modell geht von der Annahme eines variablen „Wahrnehmungsfilters" („Inhibition") aus. Aber auch für dieses Modell stehen genaue genetische und epigenetische Studien noch aus; insbesondere müssten die jeweiligen Einzelbefunde hinsichtlich ihrer Replizierbarkeit und Extension systematisch überprüft werden. Die Untersuchung der neuropharmakologischen Implikationen des Vulnerabilitäts-Stress-Modellansatzes steckt ebenfalls noch in den Kinderschuhen (Sampedro-Piquero et al. 2018).

Resilienz und Suizidalität
Die Frage nach der Resilienz zur *praktischen* Bekämpfung von Depressivität berührt das ungelöste Suizidproblem bei genialen und nicht-genialen Personen. Dabei ist grundsätzlich die biopsychosoziale Forschungsperspektive zu beachten – das auch aus Sicht von Kay Redfield Jamison in ihrem Buch (2000) *„Wenn es dunkel wird"*: „Der Ansatz, sich nur auf das *komplexe psychische* Geschehen zu konzentrieren, wenn dafür psychopathologische, *genetische* oder andere biologische Faktoren vernachlässigt werden, (ist) ebenso zum Scheitern verurteilt wie der Rückgriff nur auf biologische Ursachen und Vorgehensweisen, bei denen die ganze (Band-)Breite von *individuellen Erfahrungen, Verhaltensweisen, Fähigkeiten und Temperamenten* außer Betracht bleibt" (Jamison 2000, S. 26; Hervorhebung: V. S.).

Naturgemäß wird dazu mit korrelativen Untersuchungsverfahren gearbeitet, die bestenfalls statistische Zusammenhänge erfassen, jedoch keine gesicherten Rückschlüsse auf die eigentlich relevanten Ursache-Wirkungs-Beziehungen erlauben. Hierzu diene das folgende Beispiel: Unter Bezugnahme auf die beiden Merkmalslisten für „Depressivität" (Abschn. 1.1) und „Resilienz" (Abschn. 1.2) sind die Merkmale *Wertlosigkeit und Suizidgedanken* sowie *Positives Selbstwertgefühl und Impulskontrolle* von besonderem Interesse; dabei werden auch neurobiologische Faktoren mitberücksichtigt, das aber nur korrelativ, nicht auch *kausal* orientiert (Johnson et al. 2011; Kyaga et al. 2012). Allerdings ist dabei auch unklar, ob und inwieweit die bisherigen Verfahren der Psychodiagnostik und Psychotherapie die hinreichenden Voraussetzungen für eine erfolgreiche Resilienz und Suizidabwehr bieten (Teismann et al. 2016).

5.3   Lord Byron, William James, Ernest Hemingway – die Genialität und Tragik ihres Lebens

Sylvia Plath (Tagebuch 1958):

> Ich kämpfte gegen (meine) Depressionen und kämpfe immer noch. (…) Im Moment durchflutet mich die Verzweiflung, beinahe Hysterie, als würde ich ersticken, als säße eine große, mächtige Eule auf meiner Brust … (Quelle: Kay Redfield Jamison 2000, S. 105).

Mit diesem Zitat hat Sylvia Plath (1932–1963), fünf Jahre vor ihrem Suizid, die Schwere ihrer Depressivität ausgedrückt. Ein weiteres berührendes Zeugnis des inneren Terrors eines gequälten Geistes ist das Gedicht „Of Suicide" des Lyrikers John Berryman (1914–1972) mit dessen Vorstellung vom eigenen Freitod angesichts des Selbstmords seines Vaters: „Bewahrt uns von Flinten & Selbstmord der Väter/Erbarmen mein Vater; drück nicht auf den Abzug/oder ich werde mein Leben lang leiden an deiner Wut/und töten, was du einst begannst." (Zit. nach Jamison 2000, S. 298).

Die heutigen Verfahrensmöglichkeiten in der Diagnostik und Psychotherapie der Depressivität sollten den *Kreativen* und *Genialen* – den vergleichsweise besonders gefährdeten Menschen – in Zukunft mehr als bisher zugute kommen. Dabei ist und bleibt die Beseitigung von Stigmatisierungen und Diskriminierungen durch unsere Gesellschaft ein wichtiges Anliegen (Saltz 2017). Denn bis heute werden vor allem die Genialen von ihren Mitmenschen häufig als „fremdartig" oder gar „irre" („geisteskrank") behandelt – im krassen Gegensatz zu dem Credo der „seligen Genien" zu den Zeiten eines Friedrich Hölderlin oder Friedrich Schiller (s. Hölderlin 1899: *„Hyperions Schicksalslied"*):

Hyperions Schicksalslied (3. Strophe)

Doch uns ist gegeben,
Auf keiner Stätte zu ruhn,
Es schwinden, es fallen
Die leidenden Menschen
Blindlings von einer

Stunde zur andern,
Wie Wasser von Klippe
Zu Klippe geworfen,
Jahr lang ins Ungewisse hinab.

Abschließend wird festgehalten, angesichts der Unsicherheiten in der bisherigen *biopsychosozialen* Forschung:

Unsere drei Fälle von Genialen befinden sich im Fadenkreuz ihrer Depressivität und Resilienz: George Byron, engagiert in der Idee einer Beteiligung am Befreiungskampf der Hellenen, verstarb im Wechselbad seiner manischen und depressiven Stimmungslagen; Ernest Hemingway litt im Kampf gegen die Depressivität unter den Symptomen seiner multimorbiden Hirnerkrankung – er nahm sich das Leben. Nur William James konnte seine Depressivität weitgehend überwinden, dank seiner großen Willenskräfte. Die Tragik dieser und anderer – *gegen den Strom schwimmenden* – Genialen mit ihrer hereditären psychischen Labilität liegt in der Diskrepanz zwischen der Größe ihrer kulturschaffenden Leistungen einerseits und der Schwere ihres jeweiligen Leidensweges andererseits.

Epilog

Wie in diesem Buch gezeigt, lassen sich die psychologisch-psychiatrischen Fälle von George Byron, William James und Ernest Hemingway im Rahmen des biopsychosozialen Modells zum Thema *Genie, Depressivität, Resilienz* behandeln. Diese historischen Einzelfälle sind hier als der Ausgangspunkt für eine kritische Sichtung der heutigen biopsychologischen Forschung zu verstehen. Angesichts der Komplexität dieser Thematik wundert es aber kaum, dass die moderne Hirnforschung diesbezüglich noch in den „Kinderschuhen" steckt (Abschn. 5.2).

Abschließend befasse ich mich kurz mit einer nur scheinbar abseits gelegenen Frage: Was trägt die *Künstliche Intelligenz (KI)* zu diesem Themenkomplex bei – und wie sieht ihre einschlägige Zukunft aus (Prell 2018; Mainzer 2019)?

Die KI befasst sich schon seit längerem mit der Untersuchung auch des *kreativen* Erlebens und Verhaltens des Menschen, bisher aber mit umstrittenen Resultaten. Dabei ist das Hauptanliegen der KI die Simulation von kognitiven Prozessen wie etwa der Muster- und Gesichtserkennung, des kognitiven Lernens und Computerspielens, des Verstehens von Sprache und vieles mehr. Abgesehen von manchen spektakulären Resultaten mit vielen Chancen, aber auch großen Sicherheits- und Freiheitsrisiken für den Alltag (Lenzen 2018) erfasst die KI nicht das Wesentliche von *Genialität, Depressivität, Resilienz*. Wie zum Beispiel der Psychologe und Linguist Gary Marcus (2018) in seinem Aufsatz *„Deep Learning: A Critical Appraisal"* festgestellt hat, funktioniert die KI selbst in ihren kognitiven Kernbereichen nicht befriedigend, entgegen dem Credo ihrer Anhänger mit deren Erfolgsmeldungen auf den milliardenschweren Betreibermärkten. Marcus diskutiert vor allem die folgenden miteinander verknüpften KI-Probleme: 1) Die KI liefert nur näherungsweise Lösungen, die überdies sehr fehleranfällig sind. 2) Darüber hinaus sind die KI-Resultate auf den verschiedensten Gebieten der

© Springer Fachmedien Wiesbaden GmbH, ein Teil von Springer Nature 2019
V. Sarris, *Genialität, Depressivität, Resilienz,* essentials,
https://doi.org/10.1007/978-3-658-24501-6

Kognition stark kontextabhängig; das heißt, sie sind nicht genügend verallgemeinerbar von dem Ausgangsbereich A auf andere Bereiche B, C, D usw. 3) Die Basiskonzepte von *KI und Deep Learning* fußen lediglich auf assoziativen Korrelationen, nicht aber auf den zu fordernden substanziellen Kausalbeziehungen. Diese und andere KI-Probleme basieren auf der umstrittenen Grundannahme, das Gehirn mit seinen gesunden versus kranken psychischen Leistungen funktioniere wie ein *Computer* (https://medium.com@GaryMarcus/in-defense-of-skepticism/6e8).

Ein Ende der KI-Gläubigkeit abzusehen?
Mithilfe von KI-Algorithmen und sogenannten „humanoiden" Robotern lassen sich bereits heute viele Tätigkeiten in Beruf und Freizeit ersetzen oder wenigstens komplettieren. Allerdings – um hier einen ihrer Zukunftsträume anzuführen – kann die KI mit den Neuronalen Netzen *(NeuroNet)* die komplexen Hirnerkrankungen bei Mensch und Tier weder simulieren noch erklären oder gar heilen (Abb. A.1). Überhaupt erinnern viele ihrer Zukunftsvisionen eher an *Science Fiction*. Beispielsweise hat der Biophysiker und Hirnforscher Christof Koch (2004) die *willenlos* agierenden Kognitionsautomaten mit den Angst und Schrecken einflößenden Monstern („Zombies") verglichen. Will man Kochs Überlegung auf den Fall unserer drei Genialen erweitern, müsste man in Zukunft sogar von einem Zombie-*Byron,* Zombie-*James* oder Zombie-*Hemingway* sprechen. Jedenfalls

---

Krankheiten, die *NeuroNet* (noch) nicht heilen kann

Depressionen

Schizophrenie

Alzheimer

Abb. A.1 Hirnerkrankungen und Neuronale Netze *(NeuroNet)*: Krankheiten, die *NeuroNet* noch nicht heilen kann – eine Auswahl

bleibt eine KI ohne hinreichende theoretische Fundierung blind und daher orientierungslos (Sarris und Wertheimer 2018):

- *KI und Genialität/Depressivität:* Die KI bietet für die komplexen Fragen der Genialität und Depressivität in Theorie und Praxis noch keine befriedigenden Erklärungs- und Lösungsansätze (s. Abschn. 5.1).
- *KI und Depressivität/Resilienz:* Forschungsfragen zur Depressivität und Resilienz bei Kreativen und Genialen werden von der KI bisher weder gestellt noch gelöst (s. Abschn. 5.2).

Das Buch beschließe ich mit einer Forderung hinsichtlich einer geeigneten Grundlagenforschung zum Thema *Genialität, Depressivität, Resilienz:* Komplexe Basisphänomene der Kreativität und Genialität – wie vor allem die Phänomene des (seiner selbst)bewussten Denkens, des kritischen Willensakts und der empathischen Inspiration – sollten wenn überhaupt nur mithilfe von altbewährten und auch neuen psychoendokrinologischen, neurochemischen und neurogenetischen Verfahren im Zusammenhang mit einer *Familienstamm*-Forschung untersucht werden. Das schließt eine kritische Mitverwendung auch von KI-Simulationsmethoden nicht aus, insoweit dies ebenfalls unter Beachtung der humanistischen Bedürfnisse und ethisch-moralischen Maßstäbe geschieht.

Was Sie aus diesem *essential* mitnehmen können

- Neue Fragestellungen und Problemstellungen zur Genialitäts-, Depressivitäts- und Resilienzforschung
- Die psychische Problematik von Lord George Byron, William James und Ernest Hemingway
- Die empirische Basis für das biopsychosoziale Interaktionsmodell
- Ein multidisziplinärer Zugang zur Depressions- und Resilienzforschung
- Aktuelle Fachliteratur zu *Genialität, Depressivität, Resilienz*

© Springer Fachmedien Wiesbaden GmbH, ein Teil von Springer Nature 2019   47
V. Sarris, *Genialität, Depressivität, Resilienz,* essentials,
https://doi.org/10.1007/978-3-658-24501-6

Literatur

Abraham, A. (2013). The promises and perils of the neuroscience of creativity. *Frontiers in Human Neuroscience, 7*, 1–9.

Alvarado, C. S. (2015). William James. In R. McLuhan, PsiEncyclopedia. https://psiency-clopedia-articles.william-james. Zugegriffen: 28. Juni 2018.

Baudson, T. G. (2016). The mad-genius stereotype: Still alive and well. *Frontiers in Psychology, 7*, 216–229.

Beam, A. (2001). *Gracefully insane: Life and death inside America's premier mental hospital.* New York: Perseus.

Beaty, R. E., Benedek, M., Silvia, P. J., et al. (2016). Creative cognition and brain network dynamics. *Trends in Cognitive Science, 20*, 87–95.

Bone, D. (2004). *The Cambridge companion to Byron.* Boston: Harvard University Press.

Byron, G. (1980–1993). *Byron: The complete poetical works* (7 Bde, Hrsg. von J. J. McGann). Oxford: Clarendon Press.

Capps, D. (2008). Was William James a patient at McLean Hospital for the mentally ill? *Pastoral Psychology, 56*, 295–320.

Capps, J. (2015). *The religious life: The insights of William James.* Cambridge: Lutterworth.

Carrette, J. (Hrsg.). (2005). *William James and the varieties of religious experience: A centenary celebration.* London: Routledge.

Carson, S. H. (2011). Creativity and psychopathology: A shared vulnerability model. *Canadian Journal of Psychiatry, 56*, 144–153.

Chmitorz, A., Wenzel, M., Stieglitz, R.-D., et al. (2018). Population-based validation of a German version of the brief resilience scale. *PloS One, 13*, e0192761. Zugegriffen: 21. Juli 2018.

Croce, P. J. (2009). A mannered memory and teachable moment: William James and the French correspondent in the *Varieties*. *William James Studies, 4*, 36–69.

Csikzentmahalyi, M. (2014). The system model of creativity and its applications. In D. K. Simonton (Hrsg.), *Wiley handbook of genius* (S. 533–545). New York: Wiley.

Davison, G. H., Neale, J. M., & Hautzinger, M. (2016). *Klinische Psychologie* (8. Aufl.). Weinheim: Beltz.

Dearborn, M. V. (2017). *Ernest Hemingway: A biography.* New York: Knopf.

Dianda, A. (2017). William James and the "willfulness" of belief. *European Journal of Philosophy, 26*, 1–27.

© Springer Fachmedien Wiesbaden GmbH, ein Teil von Springer Nature 2019   49
V. Sarris, *Genialität, Depressivität, Resilienz,* essentials,
https://doi.org/10.1007/978-3-658-24501-6

Daskalakis, N. P., & Yehuda, R. (2015). Early maternal influences on stress circuitry: Implications for resilience and susceptibility to physical and mental disorders. *Frontiers in Endocrinology, 5,* 1–3. Zugegriffen: 28. Juli 2018.

Doucet, G. E., Bassett, D. S., Yao, N.,Glahn, D. C., & Frangou, S. (2017). The role of intrinsic brain functional connectivity in vulnerability and resilience to bipolar disorder. *American Journal of Psychiatry, 174,* 1214–1222.

Fantina, R. (2005). *Ernest Hemingway: Machismo and masochism.* New York: Palgrave Macmillan.

Feder, A., Nestler, E. J., & Charney, D. S. (2012). Psychobiology and molecular genetics basis of resilience. *Nature Reviews of Neuroscience, 10,* 446–457.

Feist, G. J. (2014). Psychometric studies of scientific talent and eminence. In D. K. Simonton (Hrsg.), *Wiley handbook of genius* (S. 62–86). New York: Wiley.

Gardner, H. (1999). *Kreative Intelligenz: Was wir mit Mozart, Freud, Woolf und Gandhi gemeinsam haben* (2. Aufl.). Frankfurt a. M.: Campus.

Gibbon, P. (2018). The thinker who believed in *doing*: William James and the philosophy of pragmatism. *Humanities, 39.* Zugegriffen: 30. Juni 2018.

Ginsburg, V., & Wyers, S. (2014). Evaluating genius in the arts. In K. D. Simonton (Hrsg.), *Wiley handbook of genius* (S. 509–532). New York: Wiley.

Groeben, N. (2015). Willensfreiheit. In M. Galliker, & U. Wolfradt (Hrsg.), *Kompendium psychologischer Theorien* (S. 537–540). Berlin: Suhrkamp.

Grosskurth, P. (1997). *The flawed angel.* Boston: Houghton.

Guilford, J. P. (1950). Creativity. *American Psychologist, 5,* 444–454.

Hautzinger, M., Bailer, M., Hofmeister, D., et al. (2012). *ADS (2012) – Allgemeine Depressionsskala (Tests Info)* (3. Aufl.). Göttingen: Hogrefe.

Heilman, K. M. (2016). Possible brain mechanisms of creativity. *Archives of Clinical Neuropsychology, 31,* 285–296.

Heinz, A. (2015). *Der Begriff der psychischen Krankheit* (2. Aufl.). Berlin: Suhrkamp.

Hemingway, E. M. (1929). *A farewell to arms.* New York: Scribner.

Hemingway, E. H. (1935). *Green hills of Africa.* New York: Simon & Schuster.

Hemingway, E. M. (1952). *The old man and the sea.* New York: Scribner's Sons.

Hemingway, E. M. (1981). *Ernest Hemingway: Selected Letters 1917–1961.* (Hrsg. von C. Baker). New York: Scribner's Sons.

Hemingway, M. (2015). *Out came the sun: Overcoming the legacy of mental illness, addiction, and suicide in my family.* New York: Simon & Schuster.

Hodes, G. E., Kana, V., Ménard, C., et al. (2015). Neuroimmune mechanisms of depression. *Nature Neuroscience, 18,* 1386–1393.

Hopkins, E. J., Weisberg, D. S., & Taylor, J. V. C. (2016). The seductive allure is a reductive allure: People prefer scientific explanations that contain logically irrelevant reductive information. *Cognition, 155,* 67–76.

Hutchisson, J. M. (2016). *Ernest Hemingway: A new life.* University Park: Penn State University Press.

James, W. (1868–1873). *Diary 1.* In *William James papers.* Cambridge: Harvard University (Zit. nach Leary 2015).

James, W. (1879). Are we automata? *Mind, 4,* 1–22.

James, W. (1884). What is an emotion? *Mind, 9,* 188–205.

James, W. (1890). *The principles of psychology* (2 Bde). New York: Dover.

James, W. (1892). *Psychology: Briefer course.* New York: Holt.

James, W. (1898). *The will to believe, and other essays in popular philosophy.* New York: Longmans.

James, W. (1902). *The varieties of religious experience.* New York: Longmans (Deutsch: *Die Vielfalt religiöser Erfahrung.* Frankfurt a. M.: Insel, 1997).

James, W. (1904). Does consciousness exist? *Journal of Philosophy, Psychology and Scientific Methods, 1,* (Zit. nach James 1912).

James, J. (1907). The energies of men. *Philosophical Review, 25,* 321–332. Zugegriffen: 9. Juli 2018.

James, W. (1912). *Essays on radical empiricism.* New York: Longmans.

James, W. (1986). *Essays in psychical research.* (Hrsg. von V. F. H. Burkhardt). Cambridge: Harvard University Press.

Jamison, K. R. (1993). *Touched with fire: Manic-depressive illness and the artistic temperament.* New York: Free Press.

Jamison, K. R. (2000). *Wenn es dunkel wird: Zum Verständnis des Selbstmordes.* München: Siedler.

Jamison, K. R. (2017). *Robert Lowell: Setting the river on fire – a study of genius, mania, and character.* New York: Knopf.

Jäncke, L. (2008). *Macht Musik schlau? Neue Erkenntnisse aus den Neurowissenschaften und der kognitiven Psychologie.* Bern: Huber.

Johnson, J., Wood, A. M., Gooding, P., et al. (2011). Resilience to suicidality: The buffering hypothesis. *Clinical Psychology Review, 31,* 563–591.

Kalisch, R., Baker, D. G., Basten, U., et al. (2017). The resilience framework as a strategy to combat stress-related disorders: Current challenges and future perspectives. *Nature Human Behaviour, 1,* 784–790.

Kalisch, R., Müller, M. B., & Tüscher, O. (2015). A conceptual framework for the neurobiology of resilience. *Behavioral and Brain Sciences, 38,* e92.

Kandel, E. (2012). *Das Zeitalter der Erkenntnis: Die Erforschung des Unbewussten in Kunst, Geist und Gehirn von der Wiener Moderne bis heute.* München: Pantheon.

Kandel, E. (2018). *Was ist der Mensch? Störungen des Gehirns und was sie über die menschliche Natur verraten.* München: Siedler.

Kaufman, J. C. (Hrsg.). (2014). *Creativity and mental illness.* New York: Cambridge University Press.

Kaufman, J. C., Quilty, L. C., Gracioplene, R. G., et al. (2016). Openness to experience and intellect differentially predict creative achievement in the arts and sciences. *Journal of Personality, 84,* 248–258.

Kielinger, T. (2015). Wie die Malerei Churchill aus der Depression rettete. In T. Kielinger (Hrsg.), *Winston Churchill: Der späte Held* (5. Aufl., S. 149–158). München: Beck.

Klee, P. (1957). *Tagebücher 1898–1918.* Leipzig: Kiepenheuer.

Koch, C. (2004). What you can do without being conscious: The Zombi within. In C. Koch (Hrsg.), *The quest for consciousness: A neurobiological approach* (S. 205–218). Englewood: Roberts.

Kotzbelt, A. (2014). Musical creativity over the lifespan. In K. D. Simonton (Hrsg.), *Wiley handbook of genius* (S. 451–472). New York: Wiley.

Kyaga, S. (2018). A heated debate: Time to address the underpinnings of the association between creativity and psychopathology? In R. E. Jung, & O. Vartanian (Hrsg.), *Cambridge handbook of the neuroscience of creativity* (Kap. 7). Cambridge: Cambridge University Press.

Leary, D. E. (2015). New insights into William James's personal crisis in the early 1870s. *William James Studies, 11*, Part I: 1–27, Part II: 28–45.

Lenzen, M. (2018). Künstliche Intelligenz für eine menschlichere Welt. In M. Lenzen (Hrsg.), *Künstliche Intelligenz: Was sie kann & uns erwartet* (Kap. 13). München: Beck.

Lewis, R. W. B. (1991). *The Jameses: A family narrative.* New York: Farrar (Zit. nach Jamison 1993).

Lynn, K. S. (1987). *Hemingway.* New York: Simon & Schuster.

McCrae, R. R., & Greenberg, D. M. (2014). Openness to experience. In D. K. Simonton (Hrsg.), *Wiley handbook of genius* (S. 222–243). New York: Wiley.

McDermott, J. J. (Hrsg.). (1967). *The writings of William James.* New York: Random House.

McKay, A. S., & Kaufman, J. C. (2014). Literary geniuses: Their life, work, and death. In D. K. Simonton (Hrsg.), *Wiley handbook of genius* (S. 473–487). New York: Wiley.

Maddux, H. (2007). William James and his individual crisis. Unpubl. paper. Tennessee State University (Department of Languages, Literature & Philosophy). Zugegriffen: 29. Juli 2018.

Mainzer, K. (2019). *Künstliche Intelligenz: Wann übernehmen die Maschinen?* (2. Aufl.). Wiesbaden: Springer.

Marchand, L. A. (Hrsg.). (1982). *Lord Byron: Selected letters and journals* (12 Bde). Boston: Harvard University Press.

Marcus, G. (2018). Deep learning: A critical appraisal. *ArXiv: 1801.00631.* Zugegriffen: 18. Mai 2018.

Martin, C. D. (2006). Ernest Hemingway: A psychological autopsy of a suicide. *Psychiatry, 69,* 351–361.

Mead, G. M. (1934). *Mind, self, and society: From the standpoint of a social behaviorist.* Chicago: University of Chicago Press.

Medaglia, J. D., Pascaletti, F., Hamilton, R. H., et al. (2017). Brain and cognitive reserve: Translation via network control theory. *Neuroscience & Biobehavioral Reviews, 75,* 53–64.

Menard, C., Pfau, M. L., Hodes, G. E., et al. (2017). Immune and neuroendocrine mechanism of stress vulnerability and resilience. *Neuropsychopharmacology, 42,* 62–80.

Mills, H., & Dombeck, M. (2005). Resilience: Mindfulness and flow. Mentalhelp.Net. (Blog). http://mentalhelp.net/articles/resilience. Zugegriffen: 8. Apr. 2018.

Müller, H. (1997). *Lord Byron* (4. Aufl.). Reinbek bei Hamburg: Rowohlt.

O'Dushlaine, C., Rossin, L., Lee, P. H., et al. (374 collaborators). (2015). Psychiatric geno-mic-wide association study analyses implicate neuronal, immune and histone pathways. *Nature Neuroscience, 18,* 199–209.

Osório, C., Probert, T., Jones, E., et al. (2017). Adapting to stress: Understanding the neurobiology of resilience. *Journal of Behavioural Medicine, 43,* 307–322.

Pawelski, J. O. (2018). William James and well-being: The philosophy, psychology, and culture of human flourishing. *William James Studies, 14,* 1–25.

Plath, S. (1958). *Die Tagebücher.* Frankfurt a. M.: Deutsche Verlagsanstalt (Zit. nach K. R. Jamison 2000).

Pearl, J. (2018). Theoretical impediments to machine learning with seven sparks from the causal revolution. *ArXiv: 1801.04016.* Zugegriffen: 8. Mai 2018.

Ponterotto, J. G. (2015). In pursuit of William James's McLean Hospital records: An inherent conflict between postmortem privacy rights and advancing psychological science. *Review of General Psychology, 19,* 96–105.

Porter, R. (2005). *Wahnsinn: Eine kleine Kulturgeschichte.* Frankfurt a. M.: Fischer.

Pott, H. (2017). Why bad moods matter: William James on melancholy, mystic emotion, and the meaning of life. *Philosophia, 45,* 1635–1645. 10.1007/si-1406-017-9842-z. Zugegriffen: 8. Mai 2018.

Prell, D. B. (2009). *Sailing with Byron from Genoa to Cephalonia.* Palm Springs: Strand.

Reivich, K., & Shatté, A. (2002). *The resilience factor: Seven keys to finding your inner strengths and overcoming life's hurdles.* New York: Random House.

Rosen, F. (1992). *Byron and Greece.* Oxford: Clarendon Press.

Runco, M., & Jaeger, G. J. (2012). The standard definition of creativity. *Creativity Research Journal, 24,* 92–96.

Russo, S. J., Murrough, J. W., Ming-hu, D., et al. (2012). Neurobiology of resilience. *Nature Neuroscience, 15,* 1475–1484.

Saltz, G. (2017). *The power of different: The link between disorder and genius.* New York: Flatiron.

Sampedro-Piquero, P., Alvarez-Suarez, P., & Begega, A. (2018). Coping with stress during aging: The importance of a resilient brain. *Current Neuropharmacology, 16,* 284–296. Zugegriffen: 28. Juli 2018.

Sarris, V. (1995). Originalitätstraining: Kreativität und Orginalität. In V. Sarris, *Experimentalpsychologisches Praktikum* (Bd. II). (2. Aufl.). Lengerich: Pabst.

Sarris, V. (2018). *Genie und Psychopathologie: Drei psychohistorische Fälle.* (Springer essentials). Wiesbaden: Springer.

Sarris, V., & Wertheimer, M. (2018). Max Wertheimer: Productive Thinking. In H. E. Lück, R. Miller, & G. Sewz (Hrsg.), *Klassiker der Psychologie* (2. Aufl., S. 158–162). Stuttgart: Kohlhammer.

Seligman, M. E. P. (2011). Building resilience. *Harvard Business Review, 89,* 100–106.

Silvia, P. J., Winterstein, B. P., Willse, J. T., et al. (2008). Assessing creativity with divergent thinking tasks: Exploring the reliability and validity of new subjecting scoring methods. *Psychology of Aesthetics, Creativity, and the Arts, 2,* 68–85.

Simon, L. (1998). *Genuine reality: A life of William James.* New York: Harcourt.

Simonton, D. K. (2014). More method in the mad genius controversy: A historiometric study of 204 historic creators. *Psychology of Aesthetics, Creativity and Arts, 8,* 53–61.

Southwick, S. M., & Charney, D. S. (2012). The science of resilience: Implications for the prevention and treatment of depression. *Science, 338,* 79–82.

Stern, Y. (2009). Cognitive reserve. *Neuropsychologia, 47,* 2015–2028.

Teismann, T., Koban, C., Illes, F., et al. (2016). *Therapeutischer Umgang mit Suizidgedanken, Suizidversuchen und Suiziden.* Göttingen: Hogrefe.

Tuite, C. (2015). *Lord Byron and scandalous celebrity.* Cambridge: Cambridge University Press.

Tzermias, P. (2012). *Der Kreter Dominikos Theotokópoulos genannt El Greco.* Mähringen: Balistier.

Ueding, G. (Hrsg.). (1988). *Lord Byron: Ein Lesebuch mit Texten, Dokumenten und farbigen Abbildungen.* Frankfurt a. M.: Insel.

Vartanian, O. (2018). Openness to experience: Insights from personality neuroscience. In R. E. Jung, & O. Vartanian (Hrsg.), *Cambridge handbook of the neuroscience of creativity* (Kap. 24). Cambridge: Cambridge University Press.

Weisberg, D. S., Taylor, J. C. V., & Hopkins, E. J. (2015). Deconstructing the seductive allure of neuroscience explanations. *Judgment and Decision Making, 10,* 429–441.

Zehentbauer, J. (2014). *Melancholie: Die traurige Leichtigkeit des Seins* (2. Aufl.). Berlin: Lehmann.

Zihl, J., Fink, T., Pargent, F., et al. (2014). Cognitive reserve in young and old healthy subjects: Differences and similarities in a testing-the-limits paradigm with DSST. *PloS One, 9*(1), e84590. Zugegriffen: 12. Mai 2018.

Printed in the United States
By Bookmasters